T0194018

essentials

Essentials liefern aktuelles Wissen in konzentrierter Form. Die Essenz dessen, worauf es als „State-of-the-Art" in der gegenwärtigen Fachdiskussion oder in der Praxis ankommt. *Essentials* informieren schnell, unkompliziert und verständlich

- als Einführung in ein aktuelles Thema aus Ihrem Fachgebiet
- als Einstieg in ein für Sie noch unbekanntes Themenfeld
- als Einblick, um zum Thema mitreden zu können

Die Bücher in elektronischer und gedruckter Form bringen das Fachwissen von Springerautor*innen kompakt zur Darstellung. Sie sind besonders für die Nutzung als eBook auf Tablet-PCs, eBook-Readern und Smartphones geeignet. *Essentials* sind Wissensbausteine aus den Wirtschafts-, Sozial- und Geisteswissenschaften, aus Technik und Naturwissenschaften sowie aus Medizin, Psychologie und Gesundheitsberufen. Von renommierten Autor*innen aller Springer-Verlagsmarken.

Tabea Staub · Sarah Seidl

Traumapädagogik

Grundlagen und Praxiswissen zu
(Kindheits-) Trauma und
traumapädagogischen Standards

 Springer

Tabea Staub
Nidau, Schweiz

Sarah Seidl
Riedlingen, Deutschland

ISSN 2197-6708   ISSN 2197-6716   (electronic)
essentials
ISBN 978-3-662-68723-9   ISBN 978-3-662-68724-6   (eBook)
https://doi.org/10.1007/978-3-662-68724-6

Die Deutsche Nationalbibliothek verzeichnet diese Publikation in der Deutschen Nationalbibliografie; detaillierte bibliografische Daten sind im Internet über http://dnb.d-nb.de abrufbar.

Planung/Lektorat: Wiebke Wuerdemann
Springer ist ein Imprint der eingetragenen Gesellschaft Springer-Verlag GmbH, DE und ist ein Teil von Springer Nature.
Die Anschrift der Gesellschaft ist: Heidelberger Platz 3, 14197 Berlin, Germany

Das Papier dieses Produkts ist recyclebar.

Was Sie in diesem *essential* finden können

- Eine Einführung der Begriffe Trauma und Kindheitstrauma.
- Die Darstellung der traumapädagogischen Standards und deren Implementierung in die Praxis der stationären Kinder- und Jugendhilfe.
- Fallbeispiele für den Praxistransfer.

Inhaltsverzeichnis

Einleitung 1

«Trauma ist möglicherweise die am meisten angefochtene, ignorierte, verharmloste, verleugnete, missverstandene und nicht behandelte Ursache für menschliches Leiden.» (Levine & Kline, 2005, S. 22). Dieses Zitat sowie der hohe Prozentsatz von 75–81 % der Kinder und Jugendlichen in der stationären Jugendhilfe, welche laut Studien als traumatisiert eingestuft werden zeigen (Gahleitner et al., 2014; Schröder & Schmid, 2020, S. 11), wie zentral es ist, dass sich Fachpersonen der stationären Jugendhilfe Kenntnisse zur Thematik Trauma und deren Auswirkung aneignen. Häufig geht in der Arbeit mit traumatisierten Kindern und Jugendlichen eine Unsicherheit und damit Vermeidung einher. Sei es aus Angst, aus Unkenntnis oder großem Respekt, welche Auswirkungen das eigene Handeln haben mag. Das vorliegende Buch soll Sie als Fachkraft in der Jugendhilfe näher an die Thematik heranführen, Ihnen Sicherheit geben und Wissen vermitteln, damit traumatisierte Kinder und Jugendliche die Unterstützung bekommen, die für sie zu heilsamen Erfahrungen werden können.

Dabei bilden die Überzeugung der Relevanz des Themas, die Bereitschaft, sich mit dem Thema auseinanderzusetzen sowie das Wissen selbst die Grundlage für die Verinnerlichung der traumapädagogischen Haltung. Nach einer kurzen Einführung in die theoretischen Hintergründe zu Trauma und Traumafolgestörungen, wird der Schwerpunkt auf die Vermittlung der Standards zur traumapädagogischen Arbeit in Einrichtungen der stationären Kinder -und Jugendhilfe gelegt. Fallbeispiele, konkrete Formulierungen und Interaktionshilfen machen diese Standards greif- und in den beruflichen Alltag anwendbar. Diese Arbeit beruht auf einer Masterthesis, die bei Interesse bei den Autorinnen angefordert werden kann.

© Der/die Autor(en), exklusiv lizenziert an Springer-Verlag GmbH, DE, ein Teil
von Springer Nature 2024
T. Staub und S. Seidl, *Traumapädagogik*, essentials,
https://doi.org/10.1007/978-3-662-68724-6_1

Trauma

Das Wort Trauma hat seinen Ursprung im Altgriechischen und bedeutet übersetzt Wunde oder Verletzung. In der Psychologie bezeichnet es daher eine starke seelische bzw. psychische Verletzung. Die Psychoanalytiker Fischer und Riedesser beschreiben ein psychisches Trauma als «ein vitales Diskrepanzerleben zwischen bedrohlichen Situationsfaktoren und den individuellen Bewältigungsmöglichkeiten, das mit Gefühlen von Hilflosigkeit und schutzloser Preisgabe einhergeht und so eine dauerhafte Erschütterung von Selbst- und Weltverständnis bewirkt.» (2009, S. 84). Eine Traumasituation beinhaltet das hoch subjektive Empfinden der betroffenen Person auf eine objektiv beschreibbare Umgebung, worin die vorhandenen individuellen Bewältigungsstrategien unzureichend sind (Ruppert, 2018, S. 66–69). Diese Überforderung der regulären Anpassungsstrategien der Person führt zu einer empfundenen Bedrohung für das eigene Leben und die körperliche Integrität. Daher sind Traumasituationen mit intensiven Gefühlen von Angst, Hilflosigkeit und Kontrollverlust verbunden (Weiss, 2021, S. 33). Ein und dieselbe schwierige Situation kann für die eine Person eine traumatische Wirkung haben, während sie von einer anderen Person lediglich als belastend empfunden wird (Ruppert, 2018, S. 66–68).

Trauma stellt daher auch keine starre Einheit dar, welche unveränderbar ist, sondern zeigt sich prozesshaft und dynamisch. Der Begriff Traumatisierung als Pendant zu Trauma verweist stärker auf diese Eigenschaften. Auch wenn es unterschiedliche Definitionen zu Trauma gibt, stimmen alle darin überein, dass eine Traumatisierung auf ein furchtbares oder extrem belastendes Erlebnis einer Person zurückgeführt wird, welches nicht primär mit den Eigenheiten der Person

© Der/die Autor(en), exklusiv lizenziert an Springer-Verlag GmbH, DE, ein Teil von Springer Nature 2024
T. Staub und S. Seidl, *Traumapädagogik*, essentials,
https://doi.org/10.1007/978-3-662-68724-6_2

zusammenhängt (Baierl & Frey, 2016, S. 22–23) und subjektiv als eine massive Bedrohung wahrgenommen wird. Dem menschlichen Gedächtnis ist eine Integration traumatischer Erlebnisse sowohl in der Akutsituation als auch nachfolgend nicht bzw. nur fragmenthaft möglich. Die überwältigende Bedrohung führt dazu, dass die Möglichkeiten von Kampf oder Flucht in diesen Situationen keine Wahlmöglichkeiten mehr darstellen, und der menschliche Körper mit Erstarrung reagiert. Tritt diese automatische Körperreaktion auf, nimmt nur noch ein Teil der Persönlichkeit das überwältigende Erlebnis aktiv wahr, während alle anderen Teile in einen Schutzmodus verfallen. Dieser beinhaltet unter anderem die körpereigene Ausschüttung von schmerzunterdrückenden Stoffen und eine verminderte psychische Wahrnehmungsfähigkeit, um nur wenige Reize aufnehmen und verarbeiten zu müssen. Dieser Vorgang wird auch als Fragmentierung bezeichnet (Ruppert, 2018, S. 73–74). In traumatischen Situationen geht also die sonst vorhandene Fähigkeit, Erinnerungsspuren in mentale Selbst- und Objektrepräsentanzen zu unterscheiden, verloren. Obwohl die Situationen zwar durchlebt werden, werden sie nicht als Teil des Selbst erfahren (Bogyi, 2011, S. 34). Diese körperlichen und neuronalen Vorgänge führen dazu, dass eine aktive Erinnerung an das traumatische Erlebnis häufig kaum oder nur sehr schwer möglich ist[1] (Ruppert, 2018, S. 73–74).

▶ **Definition**
Traumatisierung

entwickelt sich durch Situationen oder Geschehnisse, welche durch extreme oder langanhaltende,
meist außergewöhnliche Belastung gekennzeichnet sind;
wodurch die Bewältigungsstrategien von Betroffenen überstiegen werden;
was zu einer dauerhaft tiefgreifenden Veränderung des Selbst- und Weltbildes führt;
und mit einer andauernden Veränderung von Denken, Fühlen und Handeln einhergeht (Baierl, 2016, S. 23–24).

---

[1] Ein Praxisbeispiel, wie diese Vorgänge Kindern/Jugendlichen vereinfacht kommuniziert werden können, ist im Abschn. 3.2.1 zu finden.

2.1 Kindheitstrauma in der stationären Jugendhilfe

Ein hoher Anteil von Kindern und Jugendlichen, die in der Kinder- und Jugendpsychiatrie behandelt werden oder in der stationären Jugendhilfe leben, weisen aufgrund ihrer Biografie sequenzielle interpersonelle Traumatisierungen auf. Solche sogenannten Typ-2 Traumata sind durch komplexe, langandauernde Traumageschehen gekennzeichnet, wie wiederholte körperliche und/oder sexuelle Gewalt oder aber durch Serien verschiedener traumatischer Einzelsituationen gepaart mit einer niedrigen Vorhersagbarkeit des Traumageschehens (Bogyi, 2011, S. 35).[2] Sich wiederholende traumatische Erlebnisse, welche durch Menschenhand aus dem engeren Bezugsfeld wie Familie geschehen, bewirken die chronisch höchsten psychischen Belastungen. Zudem gelten sie als stärkster Auslöser für Traumafolgesymptome (Maercker & Augsburger, 2019, zitiert nach Schröder & Schmid, 2020, S. 10).

Ein Kind ist aufgrund seiner Entwicklung und Lebenserfahrung nicht in der Lage, auf dieselben Schutz- und Abwehrmechanismen wie eine erwachsene Person zurückzugreifen, was die Besonderheit einer Kindheitstraumatisierung erklärt. Zudem besitzen junge Kinder noch nicht die kognitiven und sprachlichen Fähigkeiten, um eine Interpretation der traumatischen Situation vorzunehmen. Dies hat auf die Möglichkeit der Verarbeitung weitreichende Folgen (Köckeritz, 2016, S. 351).

▶ **Wichtig**
Wiederholte interpersonelle Traumatisierung

    zeichnet sich durch Situationen aus, in welchen das Kind oder der*die Jugendliche sich oder eine andere Person in unmittelbarer Gefahr bezüglich der körperlichen Unversehrtheit oder dem Leben erlebt;

    ist dadurch mit extremem emotionalem Stress verbunden; die regulären Bewältigungsstrategien von Flucht und Kampf können nicht mehr eingesetzt werden;

    führt dazu, dass das traumatisierte Kind oder der*die Jugendliche der Situation hilflos ausgeliefert ist und dem Geschehen nicht entrinnen kann;

---

[2] Im Gegensatz dazu sind Typ-1 Traumata Schocktraumata durch einmalige Situationen (bspw. Naturkatastrophen, Gewalttaten u.v.m).

findet häufig im Verborgenen statt- das Kind oder die*der Jugendliche erhält keinen Schutz oder Ausgleich durch andere Erwachsene.

Daraus resultierend bleiben betroffene Kinder und/oder Jugendliche mehrheitlich allein zurück. Es kann keine soziale sowie emotionale Unterstützung erfolgen, welche für eine Verarbeitung zwingend notwendig ist. Gegenteilig kommt es sogar häufig vor, dass wenn Kinder und/oder Jugendliche sich mitteilen, ihnen das unmittelbare Umfeld nicht glaubt oder ihnen gegenüber sogar Schuldzuweisungen geäußert werden, was wiederum die Einsamkeit, Verarbeitungs- und Mitteilungshürde erhöht (Schmid et al., 2013, S. 261).

2.2   Symptome und Folgen

Kinder, Jugendliche und junge Erwachsene, welche in ihrer Biografie mehrmaligen Typ-2-Traumatisierungen ausgesetzt waren, weisen meist eine Vielzahl kinder- und jugendpsychiatrischer Störungen auf und erfüllen häufig einzelne oder auch alle Kriterien einer posttraumatischen Belastungsstörung (PTBS). Dies geht sogar in der Mehrheit der Fälle mit komorbiden Störungen einher. Dagegen kommt es bei Betroffenen von Typ-1-Traumatisierung vor, dass gar keine spezifische Erkrankung entwickelt wird oder sie erfüllen die Kriterien einer klassischen vollumfänglichen PTBS, jedoch ohne komorbide Erkrankungen (hierbei wird von 25 % der Kinder und Jugendlichen, welche kinder- und jugendpsychiatrische Angebote genutzt haben, ausgegangen) (Schmid et al., 2013, S. 261).

Traumatisierungen gehen mit einer fundamentalen Erschütterung des Selbst- und Welterlebens einher, welche eine dauerhafte Veränderung des Denkens, Fühlens und Handels mit sich bringen. Entsprechend können sich Traumatisierungen in vielen psychischen Störungen und Symptomatiken, sowie in vielen körperlichen Beschwerden zeigen. Es bedarf daher einer traumaspezifischen Anamnese, um bei Kindern und Jugendlichen keine Falschdiagnose zu stellen. Es kommt immer wieder vor, dass Kinder, welche bspw. Symptome einer Störung des Sozialverhaltens, von ADHS oder einer Depression aufweisen besagte Diagnosen erhalten, wobei diese Symptome jedoch die Folgen einer Traumatisierung sind. Erfolgt eine Diagnose ausschließlich anhand von vordergründigen Symptomen, führt dies zu Fehldiagnosen und letztlich zu erfolglosen Behandlungsversuchen und wirkungslosen pädagogischen Interventionen (Van der Kolk, 2009, zitiert nach Schmid et al., 2013, S. 261). Hinzukommt, dass die Folgen von Traumatisierungen und wiederholten Beziehungsabbrüchen in den Diagnosesystemen (ICD-10/DSM-5) nicht ausreichend einbezogen werden (Schmid et al., 2013, S. 261).

Tab. 2.1 mögliche Symptome und Folgen bei Traumata

Symptom	Beschreibung
Symptom des Wiedererlebens: Intrusion	Flashbacks[3], Albträume, trauriges, unwillkürliches Sich-Erinnern an traumatische Erlebnisse (Maercker & Eberle, 2022, S. 64).
Symptom der zwanghaften Wiederholung: Reviktimisierung	signifikant höheres Risiko, im Jugend- oder Erwachsenenalter erneut traumatisiert zu werden (Bockers & Knaevelsrud, 2011, S. 389).
Symptom der Übererregung: Hyperarousal	Zunahme der Anspannung inklusive Unruhe, Ein- sowie Durchschlafstörungen, Reizbarkeit, aggressiven Verhaltens, Konzentrationsschwierigkeiten, vermehrter Schreckhaftigkeit, überzogener Wachsamkeit und psychosomatischer Symptome (Geisler, 2021, o.S.), auch bei minimalen Reizen (Tammerle-Krancher, 2016, S. 41).
Symptom der Vermeidung: Konstriktion	Rückzug und Vermeidung einer Vielzahl sozialer Situationen mit dem Ziel, dadurch keinen Triggerreizen[4] mehr ausgesetzt zu sein und keine intrusiven Erinnerungen mehr zulassen zu müssen (Tammerle-Krancher, 2016, S. 41).
Symptom der Auf-, Abspaltung: Dissoziation	Aufspaltung von Gedanken und Gefühlen, welche zu einer Veränderung der Selbst- und Realitätswahrnehmung führt (Tammerle-Krancher, 2016, S. 27).

Die Berücksichtigung von Traumadynamiken, Traumafolgestörungen sowie sequenziellen Beziehungsabbrüchen sind für das Fallverständnis, die Diagnosestellung und den korrekten Behandlungsplan jedoch essenziell. Angesichts dessen gibt es seit einiger Zeit die Forderungen, diese Punkte in die Diagnosesysteme zu integrieren und eine zusätzliche Diagnose neben jener der PTBS einzuführen, damit auch komplexeren Traumafolgestörungen differenziert werden können (Rosner & Steil, 2012, zitiert nach Baierl, 2016, S. 24). Im ICD-11 wurde dieser Forderung nun Rechnung getragen. Tab. 2.1 bietet einen Überblick zentraler Symptome und Folgen, welche mit traumatischen Erlebnissen einhergehen können.

---

[3] Flashbacks und Albträume gehören zu der stärksten Form von Intrusionen, welche als ein Wiedererleben in lebendiger Form definiert werden. Sie gehen mit überwältigenden Emotionen und einem Kontrollverlust einher, wobei das Erlebte nicht als Erinnerung eingeordnet wird, sondern alles im Hier und Jetzt stattfindet (Charf, 2022, o. S).

[4] Trigger sind «innere oder äußere reaktivierende Reize in der Gegenwart, von denen aus assoziative Verbindungen zu traumatischen Erlebnissen bestehen.» (Weiss, 2008, S. 230).

2.3   Klassifikation nach ICD-11

Seit dem 01.01.2022 ersetzt die neue Version ICD-11 das bisherige ICD-10-Diagnosesystem im internationalen Raum. Auch wenn in der stationären Jugendhilfe keine psychiatrischen Diagnosen gestellt werden, ist es aus Sicht der Autorinnen sinnvoll, Kenntnisse über die Symptomatiken der traumabezogenen Diagnosen zu haben. Dadurch können fachliche Beobachtungen zu dieser Thematik im Alltag der Kinder und Jugendlichen wahrgenommen und mit den zuständigen therapeutischen Fachpersonen ausgetauscht werden, um daraus resultierend wertvolle pädagogische Interventionen abzuleiten. Im Anhang findet sich hierzu weiterführende Literaturhinweise.

► **Definition**
Die Definition von Trauma im ICD-11 lautet

für die Diagnose PTBS: «Ein extrem bedrohliches oder entsetzliches Ereignis oder eine Reihe von Ereignissen.» (Gysi, 2018, S. 1);
für die Diagnose komplexe PTBS: «Ein extrem bedrohliches oder entsetzliches Ereignis oder eine Reihe von Ereignissen, meistens länger dauernde oder wiederholte Ereignisse, bei denen Flucht schwierig oder unmöglich war (z. B. Folter, Sklaverei, Genozidversuche, länger dauernde häusliche Gewalt, wiederholter sexueller oder körperlicher Kindesmissbrauch).» (Gysi, 2018, S. 1).

Tab. 2.2 gibt einen prägnanten Überblick über die Symptomgruppen sowie einige Symptome, welche bei der Diagnosestellung vorliegen müssen (Maercker & Eberle, 2022, S. 66).

Tab. 2.2 Symptomgruppen bei einer (komplexen) posttraumatischen Belastungsstörung

	Posttraumatische Belastungsstörung		
Symptomgruppen	Wiedererleben in lebendiger Form		Flashbacks Albträume Intensive Erinnerungen
	Vermeidung		Vermeidung von Gedanken, Gefühlen Vermeidung von Situationen oder Personen
	Anhaltendes Bedrohungsgefühl		übermäßige Wachsamkeit übermäßige Schreckhaftigkeit
	Komplexe posttraumatische Belastungsstörung		
Symptomgruppen	Wiedererleben in lebendiger Form		Flashbacks Albträume Intensive Erinnerungen
	Vermeidung		Vermeidung von Gedanken, Gefühlen Vermeidung von Situationen oder Personen
	Anhaltendes Bedrohungsgefühl		übermäßige Wachsamkeit übermäßige Schreckhaftigkeit
	Störungen der Selbstorganisation	Affektive Dysregulation	aufgebracht (Überregulation) abgestumpft (Unterregulation)
		Negatives Selbstkonzept	verkümmert, gescheitert wertlos, schuldig
		Beziehungsstörungen	weit abgeschnitten von anderen Probleme emotionaler Nähe

Traumapädagogische Standards 3

Dieses Kapitel widmet sich den traumapädagogischen Standards[1], welche vom Fachverband Traumapädagogik e. V. entwickelt wurden und u. a. auf Erkenntnissen der Psychotraumatologie gründen. Sie bieten Institutionen und Fachpersonen der stationären Kinder- und Jugendhilfe bei einer traumapädagogischen Ausrichtung eine fachliche Orientierung und Basis zur Qualitätssicherung, indem notwendigen Haltungen, Förderansätze, und Methoden aufgeführt sind (Herz, 2005; zitiert in Schmid, 2013, S. 42).

Traumapädagogik ist als umfängliches Konzept zu verstehen, wobei sich die Standards in unterschiedliche Themenbereiche gliedern. Aufgrund der Begrenzung des Essentials sind die Standards zu den institutionellen Voraussetzungen sowie zur interdisziplinären Vernetzung und Kooperation ausgelagert. Die anderen Standards werden prägnant im Hinblick auf deren traumapädagogische Sinnhaftigkeit vorgestellt. Hierbei werden Ihnen als interessierte Fachkraft die fachlichen Überlegungen für die Festlegung der konkreten traumapädagogischen Standards nähergebracht und Sie haben die Möglichkeit diese über den jeweiligen QR-Code im Text wortgetreu einzusehen. Zudem finden Sie Praxisbeispiele, haltungs- und handlungsorientierte Reflexionsfragen, sowie konkrete Handlungsmöglichkeiten für den pädagogischen Alltag, welche Ihr Verständnis sowie Ihre Sicherheit im Umgang mit traumatisierten Kinder und Jugendlichen erhöhen sollen.

---

[1] Das Positionspapier mit allen Standards ist auf der Homepage des Fachverbandes Traumapädagogik einsehbar https://fachverband-traumapaedagogik.org/start.html.

© Der/die Autor(en), exklusiv lizenziert an Springer-Verlag GmbH, DE, ein Teil von Springer Nature 2024
T. Staub und S. Seidl, *Traumapädagogik*, essentials,
https://doi.org/10.1007/978-3-662-68724-6_3

3.1 Traumapädagogische Grundhaltungen

Die nachfolgend vorgestellten traumapädagogischen Grundhaltungen bilden das Fundament, um den Begriff der Traumapädagogik lebendig zu machen. Alle Standards bauen auf dieser Grundhaltung auf (B. Lang et al., 2013, S. 106).

3.1.1 Die Annahme des guten Grundes

Das menschliche Gehirn wird durch die Interaktion mit der Umwelt geprägt und entwickelt (T. Lang & Lang, 2013, S. 107). Traumatisierte Kinder und Jugendliche sowie deren Gehirn-, Wahrnehmungs- und Emotionsentwicklung wurden in ihrer Biografie vorwiegend durch negative Muster geprägt. Dies führt zu einer ständigen Aktivierung des Panik- und Furchtsystems. Sie entwickeln bei einer Traumatisierung spezifische Denk- und Handlungsstrategien, damit sie mit den Ohnmachtssituationen umgehen bzw. diese überleben und zukünftig mit ihnen umgehen können (T. Lang & Lang, 2013, S. 107–108). «So entwickeln Menschenkinder ein Trauma-logisches Verhalten. Es ist logisch und es ist sinnvoll, es hat viele gute Gründe in Bezug auf das Trauma, auf ihre lebensgeschichtlichen Erfahrungen. Es ist ein Regulierungsversuch von ihrer meist jahrelang erlittenen Not.» (T. Lang & Lang, 2013, S. 108).

Die Wirkung der alten Erfahrungen lassen sich in einem neuen Kontext, wie bspw. einer Jugendwohngruppe, nicht einfach abstellen, sie leben auch darin weiter. (Neue) Interaktionssettings, wie die externe Tagesstruktur, die Wohngruppe etc. befinden sich sozusagen innerhalb des Traumas. Die Kinder und Jugendliche greifen also in neuen Situationen und neuen Interaktionssettings nach wie vor auf ihre Überlebensstrategien aus früheren Lebenssituationen zurück und verhalten sich wie in einer traumatischen Situation. Dem entgegengesetzt befinden sich die neuen Interaktionspersonen mit ihren biografischen Erfahrungen, ihrem Denken und Handeln außerhalb des Traumas. Diese Ausgangslage führt zu Irritationen: Die Überlebensstrategien komplex traumatisierter Kinder und Jugendlichen werden missverstanden und (ausschließlich) als störend und schwierig angesehen (T. Lang & Lang, 2013, S. 108–109). Es bedarf der Haltung von Fachpersonen, dieses Verhalten als eine normale Reaktion auf frühere, nicht normale Lebenssituationen anzusehen (B. Lang et al., 2011, S. 5).

Mit dieser Haltung werden Anerkennung, Achtung und Würdigung vonseiten der Fachpersonen für diese immense (Überlebens-)Leistung und der daraus resultierenden notwendigen Verhaltensweisen der Kinder und Jugendlichen möglich, ohne mit den Handlungen an sich einverstanden sein zu müssen. Für die betroffenen Kinder und Jugendlichen ist die Aneignung von neuen, veränderten Verhaltensweisen ausschließlich dann sinnvoll, wenn sie glaubhaft und konstant das Gefühl verinnerlichen können, dass sie an einem sicheren Ort, mit sicheren, einschätzbaren und gewaltlosen Fachpersonen leben. Schon Kinder zeigen durch das Stellen von Fragen und Einfordern von Antworten auf, wie wichtig Verstehbarkeit und das «Warum» sind, um Geschehnisse zu begreifen. Für die Entwicklung ist das Erkennen eines guten Grundes der eigenen Handlungen wichtig, damit sich Selbstverstehen, Selbstkontrolle und Selbstwirksamkeit erhöhen (T. Lang & Lang, 2013, S. 109–111).

Gute Gründe basieren stets auf emotionalen Ausgangslagen, welchen die Kinder und Jugendlichen zu entsprechen versuchen, indem sie auf Strategien der Kompensation, Überdeckung, Bagatellisierung, Verleugnung oder des Ausweichens etc. zurückgreifen. Es bedarf daher Fachpersonen und andere Erwachsene, welche daran glauben, dass die gezeigten Verhaltensweisen der Kinder und Jugendlichen sinnvoll und begründbar sind, um sich mit ihnen gemeinsam auf die Suche der guten Gründe zumachen. Dies ermöglicht eine Intervention, welche neben der emotionalen Versorgung der Kinder und Jugendlichen auch eine Lern- und Entwicklungsförderung begünstigt.

Der gute Grund der Fachpersonen im Hinblick auf den sicheren Ort ist für sie selbst sowie für die Kinder, Jugendlichen bedeutend, denn er verhilft ihnen zu einer gesteigerten inneren Sicherheit. Diese ermöglicht es Fachpersonen, auf verinnerlichte Werte und Normen zurückzugreifen und dadurch auch in unvorhergesehenen Momenten zu deklarieren, welcher gute Grund ausschlaggebend ist, um bspw. eine Absprache zu ändern. Den Kindern und Jugendlichen vermittelt dies wiederum Klarheit, Authentizität und einschätzbare Entscheidungen, welche das Vertrauen zu den Fachpersonen und die Gewissheit, sich an einem sicheren Ort zu befinden, erhöhen. Transparenz ist gerade bei traumatisierten Kindern und Jugendlichen ein Muss und eine neue Erfahrung im Hinblick auf die Vielzahl unberechenbarer Situationen in ihrer Vergangenheit (T. Lang & Lang, 2013, S. 111–112). Tab. 3.1 beinhaltet die dazugehörige Botschaft dieser Grundhaltung.

Tab. 3.1 Grundhaltung und Botschaft: Der gute Grund (Schirmer, 2013, S. 251)

Botschaft an	Grundhaltung: der gute Grund
Die Kinder und Jugendlichen	«Wir akzeptieren deinen guten Grund und zeigen dir auch, wenn wir nicht einverstanden sind, mit dem, was du tust.»
Die Mitarbeiter*innen	«Die Leitung interessiert sich für Ihre guten Gründe und erteilt Ihnen konstruktives Feedback.»

Scanne mich

Standards zum guten Grund

3.1.2 Wertschätzung

Wertschätzung als Grundhaltung schließt ein, dass sie sich nicht als eine individuelle Verhaltensstrategie, sondern als innere Einstellung und innere Werte einer Person bzw. eines Teams zeigt. Diese Haltung kommt im Alltag häufig unbewusst zum Ausdruck und wird in der Beziehungsgestaltung sichtbar durch Respekt, faires Handeln und Freundlichkeit. Menschen spüren Wertschätzung häufig dann, wenn sie das Gefühl haben, sie werden, so wie sie sind, gesehen und verstanden. Eine wertschätzende Haltung ermöglicht einen offenen und emotionalen Kontakt und beinhaltet Achtung sowie Toleranz gegenüber allen Menschen und deren Weltanschauungen.

Im Kontext der Traumapädagogik bietet Wertschätzung als Grundhaltung die Basis zur Korrektur von Ohnmachts- und Unwirksamkeitserfahrungen auf dem Weg zur eigenen Selbstakzeptanz und auch die Korrektur von Ohnmachts- und Unwirksamkeitserfahrungen. Wertschätzung zeigt sich im traumapädagogischen Arbeiten auch darin, dass Verhaltensweisen von Kindern und Jugendlichen als normale Stressreaktionen angesehen werden. Das Benennen dieser Überzeugung mit dem Ernstnehmen von ihnen als eigene Expert*innen für traumatisches Stresserleben ermöglicht eine Wertschätzung der angeeigneten Überlebensstrategien. Dies stellt eine weitere wichtige Basis für das Erleben von Selbstwert und Selbstwirksamkeit dar (Weiss & Schirmer, 2013, S. 112–114).

Wertschätzung und Kooperation bilden das Fundament für Motivation. Diese Erkenntnis bedeutet für traumapädagogisch-arbeitende Institutionen, dass ein positiver Arbeitsrahmen zentral ist, damit sich auch Mitarbeiter*innen mit ihren Stärken, Entwicklungsfelder und auch Grenzen gesehen und willkommen fühlen. Dadurch kann die Haltung der Wertschätzung durch die gesamte Institution fließen, sodass ein Klima der Wertschätzung sich auch auf die Kinder und Jugendlichen sowie Eltern übertragen kann (Weiss & Schirmer, 2013, S. 114). Tab. 3.2 beinhaltet die dazugehörige Botschaft dieser Grundhaltung.

Tab. 3.2 Grundhaltung und Botschaft: Wertschätzung (Schirmer, 2013, S. 251)

Botschaft an	Grundhaltung: Wertschätzung
Die Kinder und Jugendlichen	«Es ist gut so wie du bist.»
Die Mitarbeiter*innen	«Die Leitung schaut darauf, was Sie gut können und unterstützt aktiv Ihre Entwicklung. Auch die Überforderungsgefühle gehören dazu und werden ernst genommen.»

Scanne mich

Standards zur Wertschätzung

3.1.3 Partizipation

Traumatisierte Kinder und Jugendliche hatten eingeschränkte Beteiligungs- und Gestaltungsmöglichkeiten in ihren Familien, sodass eine direkte Annahme von Partizipationsangeboten von Pädagog*innen für sie schwierig ist. Hierbei kommt der Institution und den Fachpersonen die Verantwortung zu, Rahmenbedingungen und Situationen so zu gestalten, dass Kinder und Jugendliche Lernerfahrungen in der aktiven Beteiligung bei Gruppenentscheidungen, Hilfeplanung etc. erhalten. Des Weiteren sollen Regeln der Gruppe und der Einrichtung sowie Konsequenzen aus Verstößen für Kinder und Jugendliche in ihrem Inhalt und Sinn verständlich sein und nicht als willkürlich empfunden werden. Es braucht daher ein Mitspracherecht beim Aufstellen von Gruppenregeln für das Leben miteinander, damit Kinder und Jugendliche eine aktive Gestaltungs- und/oder Beschwerdemöglichkeit haben. Das Pädagog*innenteam kann in einem wertvollen Prozess gemeinsam bestimmen, wann, wie und wo Kinder und Jugendliche zur Partizipation eingeladen werden. Dies ermöglicht dem Team eine Kompetenzzunahme und ein Zusammenwachsen (Hair & Bausum, 2013, S. 115).

Beim Einbezug der Kinder- und Jugendlichengruppe bedarf es eines differenzierteren Blicks, damit Partizipation nicht zu Überforderung führt, in dem es zu einer Übertragung der Verantwortung an die Kinder und Jugendlichen kommt. Die Fachpersonen tragen nach wie vor die Hauptverantwortung. (Hair & Bausum, 2013, S. 116).

Partizipation stellt sowohl für Kinder und Jugendliche als auch für die Fachpersonen ein prozesshaftes Lernen dar. Zu betreuende Kinder und Jugendliche müssen merken, dass Beteiligung sich lohnt, und Fachpersonen müssen bereit sein, alte Haltungen zu verabschieden, welche ggf. als sicherheitsspendend erlebt wurden (Kühn, 2013, S. 145).

In der Jugendhilfe ist das zentralste Fundament bezüglich Partizipation der regelmäßige und individuelle Einbezug der Kinder und Jugendlichen in ihre eigene Hilfeplanung. Die Beteiligung soll sorgfältig und prozesshaft unter Berücksichtigung des Alters, der Entwicklung, etc. geschehen. Kinder und Jugendliche sollen dadurch ermutigt werden, ihre Wünsche und Bedürfnisse mitzuteilen und diese wenn möglich mit Unterstützung in den Hilfeplangesprächen eigenständig darzulegen (Hair & Bausum, 2013, S. 117). Tab. 3.3 beinhaltet die dazugehörige Botschaft dieser Grundhaltung.

Scanne mich

Standards zur Partizipation

Tab. 3.3 Grundhaltung und Botschaft: Partizipation (Schirmer, 2013, S. 251)

Botschaft an	Grundhaltung Partizipation
Die Kinder und Jugendlichen	«Ich traue dir was zu und überfordere dich nicht.»
Die Mitarbeiter*innen	«Ihre Kompetenzen, Ihre Erfahrungen und Ihr Fachwissen werden geschätzt. Sie werden bei der Suche nach Antworten und Lösungen beteiligt.»

3.1.4 Transparenz

Traumatische Ereignisse sind geprägt durch ihre Plötzlichkeit und Unberechenbarkeit. Eine Vielzahl der Kinder und Jugendlichen in der Jugendhilfe weisen Traumata Typ-2 auf, welche häufig durch die engsten Bezugspersonen bedingt waren und dazu geführt haben, dass Macht als missbräuchlich und willkürlich erlebt wurde. Dem entgegengesetzt ist das Ziel der Transparenz, Orte der Berechenbarkeit zu schaffen. In der Jugendhilfe soll Transparenz in den Strukturen und Hierarchien sichergestellt werden mit dem Ziel, Klarheit und Vorhersehbarkeit zu gewährleisten sowie Versteh- und Begründbarkeit von Vergangenem, Aktuellem und Zukünftigem sicherzustellen. Diese Transparenz soll traumatisierten Kindern und Jugendlichen Sicherheit vermitteln und dadurch eine Verhinderung oder Verminderung der permanent aktiven Kampf-, Flucht- und Erstarrungsstrategien erreichen und ist (Wahle & Lang, 2013, S. 119).

▶ **Wichtig**
Transparenz bildet die Basis für.

- transparente Macht-, Verantwortungs- sowie Hierarchiestrukturen,
- transparente Alltagsabläufe,
- transparente Kommunikationswege

und ist damit ein essenzieller Bestandteil der Selbstbemächtigung.

Transparenz als Grundhaltung gilt es zwischen Fachpersonen und Kindern/ Jugendlichen, innerhalb der Gruppenstrukturen sowie des Mitarbeiter*innenteams und auf den übergeordneten Ebenen sicherzustellen. Dies verdeutlicht, dass Transparenz in Bezug auf Informationen sowohl horizontal als auch vertikal gewährleistet sein sollte:

- Fachpersonen leiten Informationen weiter,
- Fachpersonen fordern Informationen ein,
- Fachpersonen deklarieren notwendige Informationsgrenzen (Wahle & Lang, 2013, S. 119).

► **Wichtig**

Folgende Fragen dienen zur Überprüfung der Transparenz auf der eigenen Wohngruppe, wobei die Antworten den betreuten Kindern und Jugendlichen zugänglich sein sollten:

- Wer ist meine Bezugsperson? Welche Aufgaben gehören dazu und was macht sie für mich?
- Wer arbeitet heute in welchem Dienst auf der Wohngruppe?
- Wer vom Betreuungsteam hat wann und wie lange frei bzw. Ferien?
- Was gibt es für Regeln und was ist deren Sinn? Welche Konsequenzen haben Grenzüberschreitungen?
- Wann finden die Essenszeiten statt? Was steht auf dem Menüplan?
- Was passiert heute, was ist wichtig? Gibt es besondere Termine oder Besuche?
- Welche Rechte habe ich? Wo kann ich mich beschweren?
- Wann ist wieder Hilfeplangespräch? Wer nimmt an diesem teil und was wird besprochen?

Auch im Spannungsfeld der Beziehungsgestaltung zu den Kindern/Jugendlichen gilt es, das strukturelle Machtgefälle transparent zu machen mit dem Wissen um die Verbundenheit in der Beziehung mit der zeitgleichen Begrenztheit. Im pädagogischen Alltag zeigt sich Transparenz durch die Berechenbarkeit von ritualisierten Alltagsstrukturen, welche täglich, wöchentlich, monatlich oder jährlich wiederkehren wie Gruppensitzungen, Gesprächstermine etc. Wiederkehrende Strukturen, welchen sie Bedeutung zumessen, ermöglichen ihnen, eine körperliche Verinnerlichung auf der Empfindungs-, Gefühls- und Gedankenebene, welche ihnen zum Lernen neuer Verhaltensweisen verhilft (Wahle & Lang, 2013, S. 120–121).

Transparenz in den Strukturen und der Kommunikation ist kein einmalig erreichter Zustand, sondern eine prozesshafte, stetige Auseinandersetzung für das Fachteam. Kinder und Jugendliche haben jederzeit das Recht auf Klarheit (Wahle & Lang, 2013, S. 121). Tab. 3.4 beinhaltet die dazugehörige Botschaft dieser Grundhaltung.

Tab. 3.4 Grundhaltung und Botschaft: Transparenz (Schirmer, 2013, S. 251)

Botschaft an	Grundhaltung: Transparenz
Die Kinder und Jugendlichen	«Ich erkläre dir, was wann, wo und vor allem warum passiert.»
Die Mitarbeiter*innen	«Die Leitung bezieht Sie in Prozesse ein, informiert Sie hinreichend, sodass Sie sich gut orientieren können. Sie können jederzeit Fragen stellen.»

Scanne mich

Standards zur Transparenz

3.1.5 Spaß und Freude

Kinder und Jugendliche, welche in der stationären Jugendhilfe leben und aus traumatisierenden Lebensumfelder stammen, weisen primär Erfahrungen mit starken destruktiven Emotionen und Gefühlen der Ohnmacht auf. Sie haben meist Probleme in der Emotionsregulation, weil sie keine adäquate Möglichkeit hatten, diese Fähigkeit zu entwickeln und fühlen sich diesen Emotionen und deren Wirkungen ausgeliefert und in ihnen gefangen.

Anhaltende Gefühle von Angst, Scham, Schuld, Ekel, Trauer und Ohnmacht

- gehen mit einer lähmenden Wirkung einher und können daher Erstarrungen innerhalb der traumatisierenden Erfahrung triggern;
- führen zu körperlichen Verkrampfungen und daraus resultierenden Druck- und Schmerzgefühlen;
- schränken Gedankengänge und Wahrnehmungsfähigkeit ein, was ein lösungsorientiertes und selbstbewusstes Handeln hemmt;
- wirken sich destruktiv auf die Leistungsfähigkeit, auf die Entwicklung positiver Selbstwirksamkeitserwartungen und auf die Entwicklung förderlicher Resilienzfaktoren von Kindern und Jugendlichen aus;

- führen zu unzureichender Sicherheit bei der Emotionsregulierung, welche die Entwicklung von unterschiedlichen psychischen Störungsbildern begünstigt und häufig mit Schwierigkeiten von (schulischen) Leistungsanforderungen einhergeht. Dies zeigt sich durch Verweigerung, Fluchtverhalten, Kampfverhalten, Verleugnen oder Negieren (B. Lang, 2013a, S. 121).

Ziele in der stationären Jugendhilfe sollten daher nicht an Leistungsanforderungen gebunden sein, weil deren Nicht-Erfüllen häufig als mangelnder Wille oder fehlende Kooperationsbereitschaft interpretiert wird. Bei traumatisierten Kindern und Jugendlichen ist es jedoch keine Frage der Leistungsmotivation, sondern der emotionalen Komponenten, was dazu führt, dass solche Maßnahmen nicht greifen und den Druck für alle Parteien erhöhen. Dadurch wiederholen sich die Gefühle der Lähmung. Die Bindungstheorie besagt, dass Menschen, also sowohl Kinder/ Jugendliche als auch Fachpersonen, lernfähig sind, wenn Gefühle von Sicherheit abgedeckt sind und sich die Person wohlfühlt. Nur dann ist das Gehirn für Lernvorgänge aufnahmebereit. Traumatisierte Kinder und Jugendliche bedürfen daher neuer, korrigierender emotionaler Erfahrungen und vieler Momente geprägt von Spaß und Freude als zuversichtsgebende, optimismus- und kreativitätsfördernde Erlebnisse (B. Lang, 2013a, S. 121–122).

Nicht zuletzt hat eine Fokussierung von Freude und Spaß in der Pädagogik einen positiven Effekt auf die Fachpersonen, was wiederum den Kindern und Jugendlichen zugutekommt. Denn treffen diese auf gestresste und belastet Mitarbeiter*innen, aktiviert sich auch ihr Stress- und Belastungsempfinden. Umgekehrt zeigt sich, dass der Fokus auf freudige Zeiten bei der Arbeit und ein bewusstes Einplanen von Spaß-Aktivitäten mit Kindern und Jugendlichen ein Anstieg bei der Motivation an der Arbeit sowie bei der Entspannung der Mitarbeiter*innen bewirkt und sich positiv auf die Beziehung zu den Kindern und Jugendlichen auswirkt. Hier ist somit auch die institutionelle Ebene gefragt, dass solche Zeiten bewusst geplant und ermöglicht werden (B. Lang, 2013a, S. 123–124). Tab. 3.5 beinhaltet die dazugehörige Botschaft dieser Grundhaltung.

Tab. 3.5 Grundhaltung und Botschaft: Freude und Spaß (Schirmer, 2013, S. 251)

Botschaft an	Grundhaltung: Spaß und Freude
Die Kinder und Jugendlichen	«Wenn wir gemeinsam Spaß haben, erleben wir uns als Gemeinschaft.»
Die Mitarbeiter*innen	«Es ist sehr gesundheitsförderlich mit Freude und Spaß zu arbeiten. Ein freudvolles Team kann sehr viele Belastungen gemeinsam tragen.»

Scanne mich

Standards zu Spaß und Freude

3.2   Selbstwirksamkeit/-bemächtigung

Der Fokus auf Selbstbemächtigungs-/Selbstwirksamkeitserfahrungen ist essenziell für Kinder und Jugendliche aus traumatischen Umfeldern, damit eine notwendige Korrektur dazu erlebt werden kann. Ohne diese neuen Erfahrungsmomente kann keine Traumaheilung stattfinden (Weiss, 2013b, S. 145). Wenn Kinder und Jugendliche das Gefühl haben, Einfluss auf ihre Umwelt zu haben, diese aktiv mitzugestalten und für sich selbst zu sorgen, entsteht Selbstwirksamkeit. Dadurch wird Sinnhaftigkeit und Handhabbarkeit erlebt, was entwicklungsfördernd ist und ein gesundes, körperlich-seelisches Wohlbefinden ermöglicht. Dies gilt besonders für Kinder und Jugendliche, welche in ihrer frühen Kindheit andauernde Ohnmachtserfahrungen erlebt haben (Weiss, 2021, S. 138). Das Thema Selbstwirksamkeit als zentrales Konzept in der Psychologie nimmt einen essentiellen Stellenwert in jeglichem therapeutischen Veränderungsprozess ein.

3.2.1   Förderung des Selbstverstehens

Es ist von zentraler Bedeutung, dass Pädagog*innen Kindern und Jugendlichen ihr professionelles Wissen über traumatische Übertragungen, Bindungsrepräsentationen, Funktionsweisen des Gehirns im Normalmodus, Stress sowie traumatischer Stress zugänglich machen. Diese Wissensweitergabe muss auf den Entwicklungsstand der Kinder bzw. der Jugendlichen angepasst werden (Weiss, 2013b, S. 148).

Beispiel

Beispiel Dialog für eine vereinfachte Darstellung der Funktionsweise des Gehirns.

Fachkraft: «Unser Gehirn kann in drei Bereiche eingeteilt werden, welche im Idealfall einwandfrei zusammenarbeiten: das denkende Gehirn, das Mittelhirn und das Reptiliengehirn. Das denkende Gehirn hat im Normalmodus das Kommando inne. In diesem Modus können wir gut nachdenken, Probleme lösen und planen. Wenn wir jetzt aber in manchen Situationen starke Angst haben, wird das Reptiliengehirn durch die Warnzentrale, dem Mitttelhirn, aktiviert und Energie freigesetzt, damit man sich gegen die drohende Gefahr zur Wehr setzen kann. In diesem Zustand ist das denkende Gehirn abgeschaltet. Vielleicht kennst du das, dass du in manchen Situationen auf einmal nicht mehr gut denken kannst und vielmehr dein Körper übernimmt?!»

Kind: «Ja, das fühlt sich ziemlich stark in dem Moment an, ich verstehe mich dann selbst oft nicht mehr.»

Fachkraft: «Ja, auch wenn sich das in dem Moment nicht gut anfühlt, ist es eine normale Reaktion auf einen großen Stress, dem du in dem Moment ausgesetzt bist. Weil du früher sehr oft gefährlichen Situationen erlebt hast, kommt es vor, dass die Warnzentrale Gefahr meldet, auch wenn eigentlich keine vorliegt. Wie eine Alarmanlage am Haus, die viel zu schnell anschlägt. So ist permanent das Notfallprogramm des Reptilienhirns angeschaltet, um deinen Körper auf Kampf oder Flucht vorzubereiten.»

Kind: «Deshalb bin ich so oft nervös oder habe schweißige Hände?»

Fachkraft: «Ja, oder du rastet aus, ohne zu wissen, was genau geschieht. Deine Alarmanlage sendet permanent Alarmsignale aus; du fühlst dich häufig wie ferngesteuert. In diesem Zustand hat das denkende Gehirn keine Chance zur Übernahme der Steuerung, weil es keinen Funkkontakt vom denkenden Gehirn zur Warnzentrale des Reptiliengehirns gibt.»◄

Das dreigliedrige Gehirn kann von den Kindern/Jugendlichen so beschrieben werden, wie sie es möchten (bspw. als Schiff mit Funkzentrale, Haus etc.). Zentral dabei ist lediglich, dass klar herausstechen muss, wann das Gehirn normal arbeitet, wie es bei Stress funktioniert und dass dieser Wechsel regulär ist. Das vermittelte Wissen führt zu einer besseren Verstehbarkeit der eigenen Verhaltensweisen und stellt einen zentralen Schritt in der Traumaheilung dar: sich selbst mit den eigenen Herausforderungen, Verletzungen und Begrenzungen zu akzeptieren. Dabei unterstützen allgemeine Informationen traumatisierten Kindern und

Jugendlichen näherzubringen, dass sie einen guten Grund haben, so zu handeln, wie sie handeln. In einem weiteren Schritt kann mit den Kindern/Jugendlichen der spezifische gute Grund herausgearbeitet werden, wobei sich das Wort «weil» als wertvoll herauskristallisiert hat. Die Frage «Du verhältst dich so weil?» beinhaltet Wertschätzung sowie die Annahme des guten Grundes und eine Einladung, über sich selbst nachzudenken (Weiss, 2013b, S. 150–151). «Das Konzept des guten Grundes ist kein Weichspüler. Nicht das Verhalten soll akzeptiert und eingefroren werden. Es ist Voraussetzung, um neue – weniger selbst- und fremdschädigende Verhaltensweisen entwickeln zu können.» (Weiss, 2013b, S. 151).

Scanne mich

Standards zur Förderung des Selbstverstehens

3.2.2 Förderung der Emotionsregulation, Körper- und Sinneswahrnehmung

Die Selbstbemächtigung stellt das Hauptelement der Traumapädagogik dar und fordert die sozialpädagogische Unterstützung der Kinder und Jugendlichen beim prozesshaften Wiedererlangen der Selbstwahrnehmung in Bezug des eigenen Körpers, der eigenen Gefühle und Empfindungen sowie deren Regulierung. Während der traumatischen Erlebnisse bedurften die Kinder und Jugendlichen als Eigenschutz eine Distanz zu ihren Gefühlen und Empfindungen – also ein «Nicht-Spüren». Dies wirkt bezüglich den körperlichen sowie den emotionellen Sinneswahrnehmungen nach, weshalb es die Zurückeroberung bzw. Bemächtigung des eigenen Selbst bedarf. Hierbei sind Betroffene auf die Begleitung und Unterstützung bei der Körper- und Sinneswahrnehmung durch die sozialpädagogischen Fachpersonen angewiesen (Weiss, 2013b, S. 151).

Beispiel

Helen, 14 Jahre alt, wuchs in einer kommunikationsarmen Familie auf, wodurch es sie herausfordert, ihr eigenen Gefühle zu spüren, diese nonverbal ausdrücken oder zu verbalisieren. In der sozialpädagogischen Wohngruppe konnte in der Zusammenarbeit mit ihrer Bezugsperson herausgearbeitet werden, dass Helen häufig sehr starken Stress empfand, welcher schlussendlich zu Suizidgedanken führt, sie jedoch nach Außen gänzlich ruhig wirkte und keine erkennbaren Signale sendete. Daher führte die Bezugsperson mit ihr standardisiert gewisse Skalenfragen in den gemeinsamen Gesprächen ein, welche gemeinsam abgefragt wurden: Die Lebensskala, welche für den Lebenswillen steht, wobei die 1 für akute Suizidalität steht und die 10 für pure Lebensfreude. Die Stressskala, wobei die 1 für keinen Stress und die 10 für absoluten Stress steht, was wiederum bei Helen zu Suizidalität führt. Diese Skalenfragen führen dazu, dass Helen sich bewusst mit ihrem Befinden auseinandersetzt und sich dadurch besser lernt zu verstehen, wahrzunehmen und dies zu kommunizieren. Durch diese Einstufung von Helen wird für das Team ihr Befinden, welches häufig äusserlich unsichtbar bleibt, greifbarer, was die Handlungssicherheit erhöht. Die Skalenfragen sind hier eine wichtige Methode für präventive Interventionen sowie das Festhalten von deren Wirkung durch das Fachteam zur Stressreduktion von Helen. ◄

Das erneute Erlernen, sich im eigenen Körper sicher zu fühlen und sich regulieren zu können, ist ein prozesshafter Weg, welcher Gefühle von Stärke und Zuversicht mit sich bringt und Dissoziationsneigungen entgegenwirkt (Weiss, 2013b, S. 151). Dabei können Sport, Entspannungsverfahren, Aktivitäten draußen, etc. genutzt werden. Häufig spüren Kinder und Jugendliche körperliche Empfindungen wie Herzklopfen, Schwitzen, etc. wesentlich früher als die dazugehörigen Gefühle. Es kann wertvoll sein, diese als körpergewordene Gefühle zu benennen (Weiss, 2013b, S. 151). Die Fähigkeit, Empfindungen wahrzunehmen, stellt die Basis für die Förderung der Selbstregulation dar: Übererregung, Dissoziation sowie Erstarren kündigen sich mit bestimmten Körperempfindungen sowie Handlungsimpulsen an. Auch dieser Zustand kann mit dem Bild des dreigliedrigen Gehirns erklärt werden (Weiss, 2013b, S. 152).

Scanne mich

Standards zur Förderung der Körper- und Sinneswahrnehmung

Scanne mich

Standards zur Förderung der Emotionsregulation

▶ **Tipp**
Empfehlungen sinnvoller Tools zur Emotionsregulation sowie Körper-
und Sinneswahrnehmung:

Erstellen Sie eine Kiste zur Schlafförderung für sich persönlich, das
Fachpersonenteam und/oder die Gruppe.

Nutzen Sie die App „Body2brain" bei negativen Gefühlen und
empfehlen Sie diese der Gruppe. Die kurzen Embodiment-Übungen
sind auf drei Settings abgestimmt (Arbeitsplatz, Unterwegs, zu Hause).
Die App können Sie kostenlos im Appstore herunterladen.

Stellen Sie der Gruppe eine Skillbox zur Verfügung, welche im Büro
des Teams deponiert wird. Verschiedenste Skills und Boxen können
Sie hier beziehen:

www.skills-shop.ch

www.skills-box.ch

3.2.3 Förderung der physischen und psychischen Resilienz

Der Förderung der physischen und psychischen Widerstandskraft kommt ein hoher Stellenwert zu. Nur wenn Pädagog*innen sich selbst wirksam bzw. resilient erleben, können sie dies auch bei den Kindern und Jugendlichen fördern. Das wiederum beinhaltet ein Selbstverstehen, welches durch Fachwissen, Supervision, und der Reflexion eigener Handlungsweisen und Fachwissen gefördert werden kann (Weiss, 2013b, S. 154).

Beispiel

Die beiden diensthabenden Sozialpädagog*innen der sozialpädagogischen Wohngruppe nehmen sich am Abend vor dem Dienstende ca. 15 min Zeit, um den Dienst gemeinsam auszuwerten, Dynamiken zu besprechen sowie eigene Handlungen zu reflektieren und einander gegenseitiges Feedback zu geben. Diese Auswertungsrunde gehört abendlich dazu. Es kann sinnvoll sein eine Liste mit Reflexionsfragen zu erstellen, auf welche das Team zurückgreifen kann.

Folgende Fragen könnten eingebracht werden (Schirmer, 2013, S. 259):

Welche guten Gründe haben mein Handeln geleitet?
Welche Handlungsalternativen hätte es für mich stattdessen gegeben?
Wie schätze ich die Wirkung meiner Handlungen auf andere ein?
Was dachte ich, müsste ich unbedingt tun?
Welche Rückmeldung gab mir das betroffene Kind oder der*die Jugendliche?◄

Resilienz kann auch durch das Wissen um Traumadynamiken gestärkt werden. Dadurch erkennen die Fachkräfte, dass viele der herausfordernden und extremen Verhaltensweisen der Kinder und Jugendlichen nicht an sie gerichtet sind, sondern auf Erfahrungen mit ihren Eltern oder anderen nahen Bezugspersonen aus ihrer Biografie beruhen. Es kommt immer wieder vor, dass traumatisierte Kinder und Jugendliche die Selbstwirksamkeit von Betreuungspersonen prüfen und dabei die persönliche und fachliche Grenze überschreiten. Daher benötigen auch Fachpersonen die Möglichkeit, solche Situationen als korrigierend einordnen zu können. Der traumapädagogische Bezugsrahmen bezieht daher die pädagogische Persönlichkeit mit ein und fordert einen geschützten Entwicklungsraum für die Kinder und Jugendlichen sowie einen geschützten Handlungsraum für die Pädagog*innen. Dadurch kommt nicht nur den Fachpersonen für die Kinder und Jugendlichen, sondern auch den Leitungspersonen für ihre Mitarbeiter*innen eine besondere fachliche Verantwortung zuteil. Dies erfordert das Schaffen von unterstützenden Rahmenbedingungen, damit Mitarbeiter*innen ihre komplexe und herausfordernde Arbeit gesund ausüben können, denn nur wenn sich diese selbstbemächtigt, selbstwirksam und resilient fühlen und Ohnmacht und Selbstunwirksamkeit als korrigierbar erleben, können sie diese zentralen Erfahrungen weitergeben (Weiss, 2013b, S. 155).

Scanne mich

Standards zur Förderung der physischen und psychischen Resilienz

Beispiel

Eine Fachperson des Teams einer sozialpädagogischen Wohngruppe für Jugendliche informiert ihre Leitungsperson darüber, dass eine junge Person sich mit suizidalen Äußerungen an sie gewendet habe. Neben anderen Interventionsmaßnahmen wird für die nächsten Tage ein abendliches Fürsorge-Telefonat durch die Leitungsperson zu einer fixen Zeit für die diensthabende Fachperson(en) installiert. Diese standardisierte Massnahme dient der Für- und Nachsorge des Teams. Dieses weiss dadurch, dass es zur vereinbarten Zeit krisenunabhängig nochmals eine Austauschmöglichkeit gibt, was sicherheitsfördernd ist.◄

3.2.4 Förderung der Selbstregulation

Das Realisieren, dass die eigenen Emotionen und Empfindungen steuerbar sind und sich regulieren lassen, stärkt das Selbstwirksamkeitsgefühl von traumatisierten Kindern und Jugendlichen. Im Hinblick auf soziale Teilhabe ist

Selbstregulation mit Stressregulation gleichzusetzen, wobei Verstehbarkeit von Übererregung, Erstarrung und Dissoziation sowie Unterstützung in der Körperwahrnehmung die Basis dafür darstellen. Durch unterschiedliche Tools wie dem Stressbarometer, der Triggerlandkarte, etc. können Kinder und Jugendliche unterstützt werden, ihre eigenen Trigger und Auslöser zu erkennen, um dadurch solchen Situationen bewusster zu begegnen (Weiss, 2013b, S. 152).

Beispiel

Johanna, 16 Jahre, kehrt nach zwei Tagen in der Psychiatrie aufgrund einer suizidalen Handlung wieder auf die sozialpädagogische Wohngruppe zurück. Neben diversen anderen Maßnahmen erarbeitet Johanna mit ihrer Bezugsperson einen Sicherheitsplan aus. Er beinhaltet Fragen zu Auslöser und Warnzeichen, Fragen zu Handlungs- sowie Schutzmöglichkeiten bei Suizidgedanken sowie Fragen zu lebenswerten Sachen und Dingen. Anschließend wird dieser von Johanna, der Leitungsperson sowie einem Elternteil unterschrieben. Des Weiteren wird der Sicherheitsplan der Therapeutin zugesendet und mit der Bezugsperson regelmäßig aktualisiert, wenn neues Selbstverstehen zu Auslöser, Strategien etc. dazu kommt.◄

Gewisse Begebenheiten stellen Standardmomente dar, bei denen die Selbstregulation nicht abrufbar ist, bspw. Selbstwertbedrohung oder Versagensangst. Für solche Situationen können mit den Kindern und Jugendlichen Notfallstrategien entwickelt und eingeübt werden, bspw. Atemübungen oder Bewegungsstrategien. Häufig kennen betroffene Kinder und Jugendliche bereits solche Strategien, sodass es primär um ein bewusstes Anwenden geht. Ziel sollte sein, ihnen eine Palette an Methoden zur Verfügung zu stellen, welche sie selbständig situationsbedingt einsetzen können.

▶   **Tipp**
    Empfehlungen zum Erstellen eines Sicherheitsplans bzw. einer Vorlage:
        Sie können in einem ersten Schritt unter folgenden Websites eine Sicherheitsplanvorlage herunterladen, welche direkt eingesetzt werden kann:
        www.reden-kann-retten.ch/infomaterial „Hilfetool: Sicherheitsplan (mit Notfallkarte)"
        www.sero-suizidpraevention.ch/sicherheitsplan/ „Download"

Erstellen Sie in einem nächsten Schritt eine eigene Vorlage für Ihre Institution in Anlehnung an die Vorlagen und ggf. in Anlehnung an die Buchempfehlung in den Anlagen, damit die Notfallnummern auf Ihr Land angepasst sind und durch Ihre institutionsinternen Nummern ergänzt werden können.

Scanne mich

Standards zur Förderung der Selbstregulation

3.2.5 Partizipation

«Partizipation bedeutet [...] nicht «Ent-Machten» der Betreuungs- und Bezugspersonen, sondern «Be-Achtung» der Interessen von Kindern und Jugendlichen.» (Kühn, 2013, S. 140). Erhalten Kinder und Jugendliche die Möglichkeit der Partizipation, wirkt sich dies auf ihre Selbstwirksamkeit aus und steigert die Chancen der sozialen Teilhabe (Abschn. 3.1.3). Partizipation dient zeitgleich der Gewaltprävention und stellte einen wesentlichen Faktor dar, damit traumatisierte Kinder und Jugendliche Handlungskompetenzen sowie Fähigkeiten der Selbst- und Sozialkompetenz und Selbstkontrolle üben sowie lernen können, damit ein gemeinsames Gestalten des Miteinanders möglich ist (Kühn, 2013, S. 140–144).

Scanne mich

Standards zur Partizipation

3.2.6 Chance zur sozialen Teilhabe

Die Teilhabechancen junger Menschen haben sich in den letzten Jahren rasant verändert, wobei individuelle Lebenslagen sowie sozioökonomischer Status mehr denn je entscheidend dafür sind. Von dieser Ungleichheit sind auch Kinder und Jugendliche in der stationären Jugendhilfe betroffen (Wahle, 2013, S. 158). Um soziale Teilhabe zu leben und damit Traumaheilung geschehen kann, ist eine liebevolle und sichere Beziehung unverzichtbar, denn der Kern jeder Traumatisierung schließt eine Beziehungstraumatisierung mit ein sowie das Gefühl extremer Einsamkeit (Van der Hart, 2022, o. S.).

Um eine solche Isolation und Einsamkeit zu überwinden, bedarf es kleiner Schritte und ein «sich sicher fühlen» als Basis, damit das Wagnis eingegangen werden kann, neue tragfähige Beziehungen zu knüpfen. Das Gefühl von Sicherheit, um sich auf diesen Weg zu machen, stellt die Basis dar, damit junge Menschen das Wagnis auf sich nehmen, neue tragfähige Beziehungen auf verschiedenen Ebenen und Bereichen zu knüpfen. In der stationären Jugendhilfe kommt daher dem Fachteam und spezifisch den Bezugsbetreuer*innen eine zentrale Rolle zu, welche sich auf eine möglichst langfristige Zusammenarbeit mit den Kindern und Jugendlichen einlassen (Wahle, 2013, S. 158–159).

Familie: Die Familienteilhabe stellt in der stationären Jugendhilfe häufig ein Spannungsfeld dar. Unabhängig davon, ob die Familie einen Anteil an der Traumatisierung des Kindes/des*der Jugendlichen hat, bleibt diese ein zentraler Bezugspunkt in dessen*deren Leben. Sie ist Lebensursprung für alle Menschen und bietet Antworten auf Fragen bei der Beseitigung und Aufarbeitung von Traumata. Es gibt wichtige Familienmitglieder, welche sich stabilisierend auf das Kind/den*die Jugendliche*n auswirken und solche, welche wichtig sind und verunsichernd wirken. Daraus resultierend zeigt sich, dass bei der Familienteilhabe jeweils die Stabilität und Sicherheit der betroffenen Kinder/Jugendlichen im Zentrum der fachlichen Überlegungen stehen und bei Überlegungen altersentsprechend einbezogen werden sollten. Die Kontakte zur Herkunftsfamilie der Kinder/Jugendlichen sollten mit ihnen partizipativ gestaltet, vorbereitet sowie schrittweise aufgebaut werden (bspw. zuerst ein Brief, danach ein Telefonat, anschließend ein begleiteter Besuch) (Wahle, 2013, S. 162–166).

Beispiel

Angelina ist mit einer psychisch kranken Mutter aufgewachsen. Sie kam kurz vor ihrer Volljährigkeit in die sozialpädagogische Wohngruppe und kann als

Young Carer[2] bezeichnet werden. Seit Angelina in der Wohngruppe lebt, hat sie klar kommuniziert, dass sie keinen Kontakt zu ihrer Mutter möchte, da sie dies belaste und destabilisiere. Gleichzeitig wusste Angelina, dass ihre Bezugsperson sich regelmäßig mit ihrer Mutter austauschte, wobei mit ihr vor jedem Telefonat vereinbart wurde, welche Informationen an die Mutter übergeben werden konnten und welche nicht. Nach über einem Jahr mit ausschliesslich Telefonaten mit der Bezugsperson zeigte sich die Mutter bereit einen Besuch in der WG zu machen mit dem Wissen, dass ihre Tochter ggf. nicht anwesend sein wird und das persönliche Kennenlernen der Bezugsperson und ihr im Vordergrund stand. Angelina war bis zum Besuchstag unsicher, ob sie ihre Mutter sehen möchte. Mit ihr wurden diverse Möglichkeiten vorbesprochen, wie sie den Besuch für sich stimmig gestalten könnte. Zudem wurde ein Codewort vereinbart, wenn sie das Gespräch verlassen möchte und ihr immer wieder mitgeteilt, dass ihr die Teilnahme freistehe. Angelina entschied sich dafür eine kurze Sequenz beim Kaffee anwesend zu sein. Seitdem findet ein langsames Wiederaufnehmen einer direkten Beziehung zwischen Mutter und Tochter statt.◄

Scanne mich

Standards zur Chance zur sozialen Teilhabe bezüglich Familie

Kontakt zu Gleichaltrigen: Die Fachpersonen können den Gruppenalltag und die darin enthaltenen Begegnungssituationen mit den Kindern und Jugendlichen gezielt als Trainingsfeld nutzen, damit in einem geschützten Rahmen soziale Kontakte eingeübt werden können. Ein Eintritt in eine stationäre Kinder- und Jugendhilfeeinrichtung führt häufig aufgrund der größeren Distanz zum vorherigen sozialen Umfeld zu erschwerenden Bedingungen beim Aufrechterhalten von Freundschaften oder vereinsbedingten Hobbys, obschon gerade diese häufig viel zu einer gewissen

---

[2] Young Carers sind Kinder/Jugendliche unter 18 Jahren, die regelmäßig eine nahestehende Person pflegen oder betreuen.

Stabilität in hochbelasteten Situationen beitragen. Fachpersonen sind daher ange-halten, zu Beginn einer Platzierung nach solchen Ressourcen zu suchen und diese wann immer möglich aufrechtzuerhalten. Es ist wichtig, festigende Freundschaften zu erfragen, um solche Kontakte als emotionale Stärkung zu nutzen. Begegnungen und Kontakte im alltäglichen Umfeld, wie zum Beispiel ein Kindergarten- oder Schulweg, konfrontieren Kinder und Jugendliche mit intakten Familien, was ver-letzend und emotional belastend ist. Durch ihr negatives Selbstbild ist es ihnen oftmals nicht möglich diese emotional herausfordernde Situation sozial angemes-sen zu gestalten. Hinzukommt, dass der Weg in eine neue Gruppe, sei dies eine Schulklasse oder einen neuen Verein meist eine schwierige und stressauslösende Aufgabe stellt. Daher kommt auch hier der detaillierten Vorbereitung sowie der anfänglich wiederholten Begleitung eine wichtige Rolle zu, damit Betroffene sich in solchen Situationen sicher(er) fühlen (Wahle, 2013, S. 167–168).

Scanne mich

Standards zur Chance zur sozialen Teilhabe bezüglich Kontakt zu Gleichaltrigen

Schulbildung: Eine Teilhabe an der Schulbildung beinhaltet automatisch die Anbindung an eine Klasse. Eine sorgfältige Abklärung der Schulform und der kon-kreten Schule ist sinnvoll, gerade weil ein Eintritt in der stationären Jugendhilfe häufig mit einem Schulwechsel verbunden ist. Die Klärung, ob der Verbleib in der alten Schule für die Betroffenen förderlich sein könnte, sollte vor dem Übertritt in die Wohngruppe stattfinden. Damit die Integration in eine neue Klasse positiv verlaufen kann, ist eine Vorbereitung der Bezugsperson mit dem Kind / der*dem Jugendlichen und der Lehrperson wichtig. Es kann stabilisierend sein, eine Beglei-tung durch die Fachperson bei der Einschulung zu initiieren. Gleichzeitig sollte berücksichtigt werden, dass das betroffene Kind / der*die Jugendliche dadurch eine Sonderstellung enthält, welche sie*er ggf. nicht möchte. Die Verantwortung für einen regelmäßigen Austausch mit der Schule, um die Kooperation hochzuhalten, liegt bei der Bezugsperson (Wahle, 2013, S. 170–172).

Scanne mich

Standards zur Chance zur sozialen Teilhabe bezüglich Schulbildung

3.2.7 Gruppenpädagogik

In der stationären Jugendhilfe findet Pädagogik meist in Form von Gruppen statt, in denen Kinder und Jugendliche soziale Kompetenzen erlernen und Selbstwertgefühl entwickeln können, beides zentrale Entwicklungsaufgaben (Bausum, 2013, S. 175). Die Übertragung regulärer gruppenpädagogischer Grundlagen auf traumatisierte Kinder und Jugendliche stößt jedoch an Grenzen, denn resultierend aus den belastenden biografischen Erlebnissen weisen diese eine beeinträchtigte Selbstregulation, Impulskontrolle und sowie Beziehungsunsicherheit auf (van der Kolk, McFarlane & Weisaeth, 2000, S. 173). Dies hat zur Folge, dass betroffene Kinder und Jugendliche darauf bedacht sind, ihren sozialen Ängsten nicht permanent ausgeliefert zu sein, sondern erlebte Hilflosigkeit zu kompensieren, um sich selbst wieder sicher zu fühlen. Dazu setzen sie Manipulation und Dissoziation ein oder entziehen sich Gruppensituationen. Fachpersonen müssen sich bewusst sein, dass es sich erstmals um Einzelkämpfer*innen in einem Gruppengefügte und nicht um eine Gruppe handelt. Es stellt also für die betroffenen Kinder und Jugendlichen eine Herausforderung dar, sich auf gruppenpädagogische Ansätze einzulassen (Bausum, 2013, S. 175–176).

Gruppenprozesse und Gruppendynamik: Es lässt sich sagen, dass die Mehrzahl der Kinder und Jugendlichen in der stationären Jugendhilfe unabhängig voneinander gleiche traumatisierende Erfahrungen gemacht haben, sie meistens keine Kenntnisse über diese Gemeinsamkeiten haben, obschon sie in einer Gruppe zusammenleben. Es bedarf eines transparenten und verantwortlichen Umgangs mit den Themen Trauma, damit Scham, Isolation und Schweigen durchbrochen werden können und Selbstwirksamkeit in sozialen Kontakten möglich wird. Daher ist es eine Aufgabe des Fachpersonals, bei der pädagogischen Arbeit mit Gruppen von belasteten Kindern und Jugendlichen immer wieder Momente zu kreieren, an welchen es Einzelkämpfer*innen möglich wird, sich auf Gruppensituationen einzulassen (Bausum, 2013, S. 176). Soziale Bindungen neu einzugehen, kann traumatisierten Kindern und Jugendlichen erkennen lassen, dass sie nicht allein sind. Dies ist am deutlichsten spürbar in einer Gruppe (Herman, 2006, S. 306).

Bei der Arbeit mit traumatisierten Kindern und Jugendlichen in Gruppen bedarf es einer mehrdimensionalen Betrachtung. Im Gruppengefüge spielen Übertragungen, Triggermomente, Flashbacks, Manipulationen und soziale Ängste eine große Rolle im Gruppengefüge. Hier gilt es sich als Fachpersonal über diese daraus resultierenden Verhaltensweisen zu informieren und diese bei pädagogischen Überlegungen zu berücksichtigen.

Scanne mich

Standards zur Gruppenpädagogik bezüglich Gruppenprozesse und Gruppendynamik

Haltgebende Strukturen: Kinder und Jugendliche mit unwillkürlichen, vernachlässigenden und gewaltvollen Beziehungserfahrungen sind auf alternative und korrigierende Erfahrungen angewiesen. Diese verlässlichen Bindungsangebote beinhalten klare Absprachen, einen transparenten und individuellen Umgang bezüglich Regeln und Konsequenzen sowie strukturierte Tagesabläufe. Diese haltgebenden Strukturen (Dienst- und Urlaubsplanung, Wochenstrukturierung, Gruppensitzungen) können für Kinder und Jugendliche ohne das Kennen der Verlässlich- und Verbindlichkeit als lästig und sinnlos bis hin zu bedrohlich empfunden werden, was dazu führt, dass sie diese Angebote boykottieren. Daraus resultiert, dass sich Fachpersonen verunsichern lassen und die Durchsetzung und Notwendigkeit von gewissen Strukturen hinterfragen. Das Verhalten kann schnell als Desinteresse gedeutet, sollte jedoch von den Fachpersonen als Bitte um Sicherheit und Halt eingeordnet werden (Bausum, 2013, S. 183).

Scanne mich

Standards zur Gruppenpädagogik bezüglich haltgebender Strukturen

Betreuungsteam als Gruppe: Neben den Kindern und Jugendlichen stellen auch die Mitarbeiter*innen eine Gruppe dar. Jede Fachperson eines Teams ist daher automatisch ein Beispiel, wie man sich in einer Gruppe verhält und positive sowie negative Gefühle angemessen mitteilt. Desweiteren soll ein Team Beispiel für ein offenes, partizipatives und gerechtes Miteinander sein. Pädagog*innen sollen ihr eigenes Gruppenverhalten reflektieren, damit sie dieses den Kindern und Jugendlichen als Verhaltensalternative anbieten können. Da diese Kinder und Jugendliche meist extreme Erfahrungen mit Männer- oder Frauenbildern erlebt haben, besteht ein Team im besten Fall zur Hälfte aus Frauen und Männer. Dies ermöglicht, neue alternative Erfahrungen zu machen und Ängste abzubauen. Dem Team kommt somit eine hohe Verantwortung im Umgang als Erwachsene miteinander zu. Es ist zentral, dass der Umgang mit Ausgelassenheit und Freude sowie mit Konflikten im Team nicht ausschließlich hinter verschlossenen Türen geschieht. Dadurch erleben Kinder und Jugendliche, alternative freudige Erfahrungen und sehen, dass Streiten nicht zwingend Gewalt, Manipulation und Ablehnung bedeuten (Bausum, 2013, S. 184).

Scanne mich

Standards zur Gruppenpädagogik bezüglich dem Betreuungsteam als Gruppe

3.2.8 Bindungspädagogik

Auch bei traumatisierten Kindern und Jugendlichen sowie Fachpersonen prägen frühere Bindungserfahrungen aktuelle Beziehungen und Erwartungen an deren Gestaltung, (T. Lang, 2013, S. 187).

Erfassen der Bindungserfahrungen: Die Bindungserfahrungen komplex traumatisierter Kinder und Jugendlicher zeichnen sich meist durch hoch unsichere und desorganisierte Bindungserfahrungen aus. Durch die Übertragung der Beziehung von Täter*innen auf die Pädagog*innen verlagern sich die emotionalen Reaktionen der Kinder und Jugendlichen auf die begleitenden Fachpersonen. Betroffene Kinder und Jugendliche konnten ihre Selbstwirksamkeit und Emotionslosregulation nicht ausreichend entwickeln oder beibehalten. Ihre gemachten Erfahrungen führen zu Misstrauen und Angst vor erneuten Verletzungen. Gleichzeitig sind sie auf Hilfe angewiesen, um die oben genannten Fähigkeiten wieder oder neu zu entwickeln. Dieses Dilemma stellt ein zentrales Thema in ihrer Beziehungsgestaltung dar. Dabei haben Kinder und Jugendliche unterschiedliche Bedürfnisse, auf welche es gilt, einzugehen, um bisherigen Bindungserfahrungen neue entgegenzustellen. Dazu bedarf es sicherer Pädagog*innen. Die Verhaltensweisen der Fachpersonen auf die traumatische Übertragung der Kinder und Jugendlichen und die persönliche Anpassungsstrategie als Reaktion auf deren Verhaltensweisen werden als Gegenübertragung bezeichnet. Die Übertragungsbeziehungen, mit welchen Fachpersonen in stationären Wohngruppen häufig konfrontiert sind, können eine Überwältigung der eigenen Gefühle mit sich bringen und die gesamte Bandbreite emotionaler Reaktionen beinhalten (T. Lang, 2013, S. 187–194). Gleichzeitig muss bedacht werden, dass nicht jedes Gefühl automatisch Gegenübertragungsgefühle gegenüber Kindern und Jugendlichen darstellt, da diese können genauso Arbeitsbedingungen, Kolleg*innen etc. gelten können. (Weiss, 2021, S. 272).

Scanne mich

Standards zur Bindungspädagogik bezüglich des Erfassens der Bindungserfahrungen

Bindungsförderndes Verhalten und Stabilisierung: Traumatisierte Kinder und Jugendliche haben aufgrund ihrer Erfahrungen mit ihren primären Bindungspersonen gewisse innere Bilder konstruiert, mit welchen sie auch den Pädagog*innen auf der Wohngruppe begegnen. Ihre Überzeugungen, dass sie nicht liebenswert sind, nicht ernst genommen, nicht unterstützt, nicht beschützt etc. werden, sind auch in der neuen Situation vorhanden, da lediglich die Personen ausgetauscht wurden (T. Lang, 2013, S. 198). Tab. 3.6 bietet einen Überblick über Prägungen, welche sich aus Traumata ergeben können sowie mögliche Interventionen.

Auf der zuvor erwähnten Prägung sowie die erlernten Anpassungsstrategien stützen sich die Kinder und Jugendlichen, was ihnen Sicherheit gibt. Um diese sicherheitsgebende Prägung aufrecht erhalten zu können, werden zwangsläufig Interaktionen und Handlungen der Fachpersonen als negativ interpretiert. Denn auch wenn traumatisierte Kinder und Jugendliche so sehr ihnen zugewandte und liebevolle Menschen um sich herum benötigen, gehen wohlwollende Gesichter und freundliche Gesten in einem ersten Schritt mit Verunsicherung einher (T. Lang, 2013, S. 198). Kinder und Jugendliche produzieren immer wieder Situationen, in welchen sie Fachpersonen mit ihrem Verhalten vor den Kopf stoßen und Beziehungsunterbrüche oder gar -abbrüche riskieren. Dieses Verhalten macht deutlich, dass es ihnen in diesen Situationen nicht gelingt, alte schmerzhafte Erinnerungen wörtlich zu formulieren und die Bedürfnisse nach Schutz, Trost und Liebe, welche sich dahinter verbergen, mitzuteilen (T. Lang, 2013, S. 205–206). Dies stellt somit für beide Parteien gleichermaßen ein Dilemma dar. Bei Fachpersonen sind die drei gängigsten narzisstischen Fallen die Ambition, alles heilen zu können, die Ambition alles wissen zu können und die Ambition, alles lieben zu können (Herman, 2006,

Tab. 3.6 Traumabedingte Prägungen und traumapädagogische Interventionsmöglichkeit (in Anlehnung an T. Lang, 2013, S. 200–204)

Prägungen	Intervention
Genaues Beobachten und Wahrnehmen nonverbaler Botschaften, um gefährliche oder abwertende Signale frühzeitig zu erkennen	Bewusstes Einsetzen nonverbaler Botschaften wie Augenzwinkern, Kopfnicken, etc., um bspw. verbale Botschaften zu untermauern
Nonverbalen Interventionen als mögliche Trigger	Überprüfen der Wirksamkeit nonverbaler Interventionen
Sich aktivierendes Bindungsverhalten vorwiegend bei Trauer, Schmerz, Verunsicherung und Einsamkeit, also auch bei Überganssituationen	Eine bewusste Gestaltung von Übergängen, welche im pädagogischen Alltag in der stationären Jugendhilfe immer wieder aufkommen

S. 196). Wird das Dilemma durch eine Reflexion (eigene und mit anderen) nicht erkannt, löst dies Gefühle von Hilflosigkeit, Frustration, Wut, Entmutigung etc. aus, da die mit den Ambitionen einhergehenden Fähigkeiten nicht realisierbar sind (T. Lang, 2013, S. 196).

Beispiel

Aufgrund der traumapädagogischen Ausrichtung hat das sozialpädagogische Team der Wohngruppe entschieden, neben der regulären Bezugspersonenarbeit eine weiteres spezifisches Bezugspersonenangebot einzuführen. Diese wird «Bezugspersonenpluszeit» genannt (BP + Zeit) und beinhaltet ein freiwilliges Zeitangebot von 1–2 h, welches die Kinder und/oder Jugendlichen monatlich beanspruchen können. Bei dieser Zeit steht Spass, Freude und Gemeinschaft im Vordergrund. Es werden ganz bewusst keine regulären Bezugspersonen- themen aufgegriffen sondern der Fokus liegt auf gemeinsame Aktivitäten wie Spaziergängen, Sport, Kurzausflügen, Basteln etc. Dieses Angebot ist unab- hängig vom Verhalten der Kinder und Jugendlichen und soll ihnen neue Erfahrungen ermöglichen und zur Resilienzförderung beitragen.◄

Die Arbeit mit traumatisierten Kindern und Jugendlichen stellt eine hoch anspruchsvolle Aufgabe dar. Deshalb ist neben ihrer Stabilisierung auch die emotionale Versorgung des Fachteams wichtig. So individuell die Kinder, Jugend- lichen und Fachpersonen sind, so verschieden gestalten sich die Beziehungsdyna- miken. Dies bedeutet, dass es auch zu unterschiedlichen Übertragungsdynamiken der Fachpersonen mit demselben Kind beziehungsweise dem*derselben Jugend- lichen kommen kann. Daher ist eine Reflexion über die Übertragungs- und Gegenübertragungsdynamiken in der Fallarbeit unabdingbar, damit die belasten- den Emotionen eingeordnet werden können. Die Fähigkeit zur Selbstregulation, Selbstanbindung sowie Selbstreflexion sind für Fachpersonen, welche mit trau- matisierten Kindern und Jugendlichen arbeiten zentral, um sich selbst zu stärken (T. Lang, 2013, S. 208).

Scanne mich

Standards zur Bindungspädagogik bezüglich bindungsförderndem Verhalten und Stabilisierung

3.2.9   Elternarbeit

Bei der Elternarbeit sollten Pädagog*innen Eltern im Erarbeitungsprozess von neuen Kommunikations- und Beziehungsmuster unterstützend und begleitend zur Seite stehen.

Pädagog*innen: Die Fachpersonen anerkennen Sorgen, Ängste und Leiden der Eltern, ohne deren Fehlverhalten abzuschwächen oder außer Acht zu lassen. Die Gründe für die stationäre Platzierung der Kinder und Jugendlichen sollten durch die zuständigen Fachpersonen offen, transparent, ruhig und sachlich angesprochen werden, auch wenn dies für Eltern häufig schwierig ist und von ihnen aufgrund von Schuld- oder Schamgefühlen verleugnet oder bagatellisiert dargelegt werden. Sie sollten sich bewusst sein, dass eine abwertende oder verurteilende Haltung sich negativ auf die Zusammenarbeit mit den Eltern auswirkt. Auch für die betroffenen Kinder oder Jugendlichen ist eine solche Haltung nicht zielführend, da sich diese trotz der Vielzahl negativer Erfahrungen ihren Eltern gegenüber verpflichtet fühlen und sich dementsprechend loyal verhalten (Hair, 2013, S. 227–228). In Fällen von Abklärungen zu Misshandlung und Vernachlässigung, bei welchen ein möglicher Sorgerechtentzug im Raum steht, gilt es, die Kinder und Jugendlichen in ihrer schutzbedürftigeren Position und ihren Wünschen und ihrem Wohl zu unterstützen. Dies stellt einen Gegenpol zu der vorwiegenden Überbetonung der Rechte der Eltern und Familie in den letzten Jahren dar (Salgo, zitiert in Schmid et al., 2007, S. 343).

Im Kontext der herausfordernden Elternkontakte zeigen Kinder und Jugendliche häufig gegensätzliche Verhaltensweisen, welche Unverständnis bei Außenstehenden hervorrufen können. Aus diesem Grund ist es für das pädagogische Team notwendig, solche Verhalten fachlich einzuordnen, da diese als Täuschung bezeichnet werden können (Weinberg, 2006, S. 32).

Scanne mich

Standards zur Elternarbeit bezüglich der Fachpersonen

▶ **Wichtig**
Notwendiges Wissen der sozialpädagogischen Fachpersonen in der
Elternarbeit:

- Basiswissen zu Trauma sowie wie sich diese von Familienmitglie-
  dern auf die nächste Generation übertragen.
- Wissen zu den rechtlichen Grundlagen bei der Kontaktgestaltung
  zwischen Eltern und ihren Kindern.
- Kenntnisse über systemische Elternarbeit und Ressourcenaktivie-
  rung.
- Kenntnis darüber, die Wichtigkeit der kulturellen Hintergründe der
  Betroffenen einzubeziehen.

Kinder und Jugendliche: Diese sollen im Hinblick auf das Alter, den Intellekt
sowie die emotionale Entwicklung darin unterstützt werden, ihre Familienge-
schichte aufzuarbeiten und neue Deutungen zu finden. Die individuellen Angebote
der Biographiearbeit werden im Team rückgesprochen und die Bearbeitung in der
Bezugspersonenarbeit mit verschiedenen Interventionen unterstützt. Eine Einbin-
dung der Eltern in diesen Prozess kann zu einem späteren Zeitpunkt sinnvoll sein.
Traumatisierte Kinder und Jugendliche bekunden häufig Mühe, sich bezüglich ihrer
Biografie und familiärer Beziehungen zusammenhängend erinnern zu können. Es
gilt hier mit unterstützenden, individuell passenden Interventionen eine vorsichtige
Reflexion anzuregen (Hair, 2013, S. 232–233).

Beispiel

Anja, 16 Jahre alt, lebt erst wenige Wochen in der Jugendwohngruppe. Bei
einem Tür-und-Angel-Gespräch mit einer Sozialpädagogin im Büro, sieht sie
im offenen Fach einer Kommode eine Box mit vielen verschiedenen Tieren

und fragt nach, wozu diese dienen würden. Die Sozialpädagogin erklärt, dass in diesem Fach alles kreative Materialen für die Bezugspersonenarbeit seien. Viele davon würden dazu dienen Situationen darzustellen, um gewisse Dinge aus einem anderen Winkel anzuschauen. Es wäre bspw. möglich, mit den Tieren ihre Familienmitglieder aufzustellen. Die Sozialpädagogin fragt Anja, ob sie dies direkt ausprobieren möchte, was diese bejaht. Anja wählt für jede Person ihrer Familie ein für sie passendes Tier und stellt diese auf. In einer ersten Runde benennt Anja alle positiven Eigenschaften, welche sie mit dem besagten Tier verbindet. Hier braucht es manchmal auch ein Reframing, angestoßen von der Sozialpädagogin, um ein positives Pendent zu negativen Zuschreibungen zu finden. In der zweiten Runde googelt Anja jedes Tier und wählt weitere typische Eigenschaften, welche sie passend zum Tier und der dazugehörigen Person findet. Anschließend schauen Anja und die Sozialpädagogin gemeinsam, wo dieselben Wörter oder ähnliche Zuschreibungen vorkommen und markieren diese farblich. Auch schauen sie das Bild an sich an: Wo sind hier Tiergruppen miteinander verwandt und wer steht neben wem? Anja stellt zu ihrer Überraschung fest, dass sie viele Ähnlichkeiten mit ihrer Mutter findet, mit welcher sie das schwierigste Verhältnis hat, auch wenn sie die Eigenschaften unterschiedlich ausleben.◄

Elternkontakte sollten in regelmäßigen Abständen mit den Kindern / Jugendlichen reflektiert und besprochen werden. Eine Wartezeit zwischen dem letzten Kontakt und der Reflexion ist sinnvoll, damit ein erster emotionaler Abstand vorherrscht. Wenn Loyalitätskonflikte oder Parentifizierungen vorliegen, bedarf es einer altersgerechten Erklärung und dem Vermitteln von Verständnis und die Stärkung bezüglich möglicher neuer Verhaltensweisen. Kinder und Jugendliche sollen bei der Frage, in welcher Art und Weise sie Unterstützung in der Beziehungspflege und den Begegnungen mit ihren Eltern bedürfen, unabhängig der Kontaktdauer oder -form, aktiv miteinbezogen werden. Neben dem Blick in die Vergangenheit soll auch der Blick in die Zukunft nicht fehlen: Kinder und Jugendliche werden darin begleitet, eigene Wunschvorstellungen bezüglich Familie zu formulieren und für sich selbst Visionen und Träume diesbezüglich zu entwickeln (Hair, 2013, 233–234).

Scanne mich

Standards zur Elternarbeit bezüglich der Kinder und Jugendlichen

Eltern: Vor Beginn einer stationären Unterbringung von Kindern und Jugendlichen sollten Eltern darüber informiert werden, wie sich die pädagogische Arbeit der Institution gestaltet und welche Wichtigkeit ihnen als Eltern im gemeinsamen Prozess zukommt. Damit eine kooperative Zusammenarbeit aufgebaut und ein Ausspielen der verschiedenen Parteien vermindert werden kann, finden regelmässige Gesprächseinladungen an die Eltern statt. Diese erhalten in den Gesprächen die Möglichkeit, ihre eigene Rolle zu hinterfragen, neu festzulegen und diese einzuüben. Es bedarf Informationen, welche der Sprache der Eltern angepasst und für diese verständlich sind sowie eine transparente Vorgehensweise und ein individuelles Einbeziehen in die Hilfeplanung. Erst wenn Eltern sich erst genommen und wertvoll bzw. wichtig fühlen, gelingt es, das Misstrauen gegenüber der Jugendhilfeeinrichtung abzulegen. Die Eltern werden angeregt, sich mit ihrer eigenen Biografie, der jetzigen Familiensituation sowie ihrer persönlichen Situation auseinanderzusetzen. Dabei geht es nicht um eine umfassende Aufarbeitung der Lebensgeschichte, weil dies nicht die Aufgabe der Fachpersonen der stationären Jugendhilfe darstellt, sondern um das Vermitteln wertschätzender Impulse und bei Interesse Empfehlungen für Beratungs- sowie Therapiestellen für die spezifische Aufarbeitung (Hair, 2013, S. 235–236).

Scanne mich

Standards zur Elternarbeit bezüglich der Eltern

Einrichtung: Eltern und Kinder sollen in die Diagnoseprozesse von stationären Einrichtungen einbezogen werden. Darunter fällt das anfängliche Anamnesegespräch sowie Informationen zum weiteren Verlauf des Diagnoseprozesses, um Ängste und Unsicherheiten abzubauen. Die Verantwortlichkeiten bezüglich der Elternarbeit muss in der Institution für alle Fachpersonen klar sein und sollte auch mit anderen involvierten Fachstellen zu Beginn der Zusammenarbeit geklärt werden. Das Kind bzw. der* die Jugendliche sind über die Möglichkeiten und Grenzen der Elternarbeit aufzuklären und Eltern kann bei Bedarf Alternativen oder Ergänzungen empfohlen werden (Hair, 2013, S. 238).

Scanne mich

Standards zur Elternarbeit bezüglich der Einrichtung

Was wir Ihnen mitgeben wollen

4

Kinder und Jugendliche bekommen in unserer Gesellschaft selten den Raum und ihre Belange selten die Bedeutung, die es bräuchte für eine gesunde Entwicklung. Wir hoffen mit diesem kleinen Einblick in den Bereich Kindheitstraumata und Traumapädagogik, Zuversicht und vielleicht auch Neugierde auf dieses Thema gegeben zu haben, damit es mehr und mehr Raum in der pädagogischen Arbeit einnehmen darf.

Für die Autorinnen stellt die Traumapädagogik eine Bereicherung für die stationäre Jugendhilfe dar. Die Implementierung des traumapädagogischen Ansatzes bedarf auf der einen Seite konkrete Standards, welche berücksichtig werden müssen und auf der anderen Seite einen gewissen Spielraum bezüglich der detaillierten Ausführung. Institutionen sind also angehalten, im besagten Implementierungsprozess herauszuarbeiten, wie diese traumapädagogischen Standards auf den jeweiligen Kontext mit dem jeweiligen Klientel und den spezifischen Rahmenbedingungen adaptiert werden können. Es bedarf Grundlagewissen zu Trauma(pädagogik) sowie eine verinnerlichte traumapädagogische Grundhaltung, damit die Standards in ihrer Sinnhaftigkeit gelebt werden können.

Die Autorinnen sehen die Notwendigkeit, die traumapädagogischen Aspekte und das Wissen zu Traumatisierung in den Ausbildungslehrgängen langfristig standardisiert zu verankern. Dies wäre für das Berufsetting der stationären Jugendhilfe nicht zuletzt aufgrund der steigenden Zahlen von traumatisierten Kindern und Jugendlichen, der hohen Burnout-Zahlen der Fachpersonen und deren Gefahr von sekundären Traumatisierungen zentral.

Sie als Fachkräfte, die diese Kinder und Jugendliche betreuen leisten tagtäglich einen wertvollen Beitrag für die Betroffen, als auch für die Gesellschaft. Wir hoffen wir haben Ihnen neue Impulse und Ansätze geliefert, um mit neuer

T. Staub und S. Seidl, *Traumapädagogik*, essentials, https://doi.org/10.1007/978-3-662-68724-6_4

Motivation und Zuversicht Ihre so wichtige Arbeit fortzusetzen. Je mehr Wissen und Forschung es zu Kindheitstraumata und Traumapädagogik gibt, desto nachhaltiger können die gewinnbringenden Folgen für die Kinder und Jugendliche, als auch für Sie als Fachkräfte verankert werden.

Was Sie aus diesem *essential* mitnehmen können

- Einen ersten Einblick in den Begriff (Kindheits-)Trauma
- Eine übersichtliche Darstellung der Standards zur traumapädagogischen Arbeit in der stationären Kinder-und Jugendhilfe
- Hilfen und Empfehlungen zum Theorie-Praxis Transfer in die eigene Tätigkeit

© Der/die Herausgeber bzw. der/die Autor(en), exklusiv lizenziert an Springer-Verlag GmbH, DE, ein Teil von Springer Nature 2024
T. Staub und S. Seidl, *Traumapädagogik*, essentials,
https://doi.org/10.1007/978-3-662-68724-6

Literatur

Baierl, M. (2016). Mit Verständnis statt Missverständnis: Traumatisierung und Traumafolgen. In M. Baierl & K. Frey (Hrsg.), *Praxishandbuch Traumapädagogik. Lebensfreude, Sicherheit und Geborgenheit für Kinder und Jugendliche* (3 unveränderte Aufl., S. 21–46). Vandenhoeck & Ruprecht.

Baierl, M., & Frey, K. (Hrsg.). (2016). *Praxishandbuch Traumapädagogik. Lebensfreude, Sicherheit und Geborgenheit für Kinder und Jugendliche (3* (unveränderte). Vandenhoeck & Ruprecht.

Bausum, J. (2013). Über die Bedeutung von Gruppe in der traumapädagogischen Arbeit in der stationären Jugendhilfe. In B. Lang, C. Schirmer, T. Lang, I. Andreae de Hair, T. Wahle, & J. Bausum et al. (Hrsg.), *Traumapädagogische Standards in der stationären Kinder- und Jugendhilfe. Eine Praxis- und Orientierungshilfe der BAG Traumapädagogik* (S. 175–186). Beltz Juventa.

Bockers, E., & Knaevelsrud, C. (2011). Reviktimisierung: Ein bio-psycho-soziales Vulnerabilitätsmodell. Psychotherapie, Psychosomatik, medizinische Psychologie *[Revictimisation: A bio-psycho-social model of vulnerability], 61*(9–10), 389–397. https://doi.org/10.1055/s-0030-1270519

Bogyi, G. (2011). Traumatisierung im Kindes- und Jugendalter. *Pädiatrie & Pädologie, 46*(4), 34–37.

Charf, D. (2022). Glossar. Flashback. Verfügbar unter: https://traumaheilung.de/glossar. Zugegriffen: 30. Okt. 2022.

Fischer, G., & Riedesser, P. (2009). *Lehrbuch der Psychotraumatologie. Mit 20 Tabellen* (UTB für Wissenschaft). Reinhardt.

Friedrich, E. K. (2014). Dissoziation und Multiplizität. In W. Weiss, E. K. Friedrich, E. Picard & U. Ding (Hrsg.), *„Als wär ich ein Geist, der auf mich runter schaut".* Dissoziation und Traumapädagogik (Edition Sozial, S. 13–49). Beltz.

Gahleitner, S. B., & Grasshoff, G. (2020). *Trauma. Editorial. sozialmagazin, 45*(1–2), 3.

Gahleitner, S. B., Loch, U., & Schulze, H. (2014). Wann entstehen Traumata? In H. Schulze, U. Loch & S. B. Gahleitner (Hrsg.), *Soziale Arbeit mit traumatisierten Menschen. Plädoyer für eine psychosoziale Traumatolog*ie (Grundlagen der sozialen Arbeit, Bd. 28, S. 6–12). Schneider Hohengehren.

Geisler, P. (Walter de Gruyter, Hrsg.). (2021). Hyperarousal. Verfügbar unter: https://www.pschyrembel.de/Hyperarousal/K0QU2. Zugegriffen: 23. Okt. 2022.

© Der/die Herausgeber bzw. der/die Autor(en), exklusiv lizenziert an
Springer-Verlag GmbH, DE, ein Teil von Springer Nature 2024
T. Staub und S. Seidl, *Traumapädagogik*, essentials,
https://doi.org/10.1007/978-3-662-68724-6

49

Gysi, J. (Sollievo.net – interdisziplinäres Zentrum für pschische Gesundheit, Hrsg.). (2018). Veränderungen im ICD-11 im Bereich Trauma & Dissoziation. Verfügbar unter: https:// www.nischak.com/fileadmin/nischak/Trauma__Dissoziation_im_ICD-11_1.pdf. Zugegriffen: 23. Okt. 2022.

de Hair, I. A. (2013). Die Arbeit mit dem Familiensystem im Rahmen der stationären Kinder- und Jugendhilfe. In B. Lang, C. Schirmer, T. Lang, I. Andreae de Hair, T. Wahle, J. Bausum et al. (Hrsg.), *Traumapädagogische Standards in der stationären Kinder- und Jugendhilfe. Eine Praxis- und Orientierungshilfe der BAG Traumapädagogik* (S. 218–240). Beltz Juventa.

de Hair, I. A., & Bausum, J. (2013). Die Grundhaltung der BAG Traumapädagogik. Partizipation als Grundhaltung. In B. Lang, C. Schirmer, T. Lang, I. Andreae de Hair, T. Wahle, & J. Bausum et al. (Hrsg.), *Traumapädagogische Standards in der stationären Kinder- und Jugendhilfe. Eine Praxis- und Orientierungshilfe der BAG Traumapädagogik* (S. 115–118). Beltz Juventa.

Herman, J. L. (2006). *Die Narben der Gewalt. Traumatische Erfahrungen verstehen und überwinden (Konzepte der Psychotraumatologie* (2. Aufl.). Junfermann.

Köckeritz, C. (2016). Langzeitige Folgen früher Traumatisierung durch Gewalt und Vernachlässigung. In W. Weiss, T. Kessler, & S. B. Gahleitner (Hrsg.), *Handbuch Traumapädagogik (Beltz Handbuch* (S. 351–370). Beltz.

Krüger, A. (2015). *Powerbook – erste Hilfe für die Seele. Trauma-Selbsthilfe für junge Menschen* (1. Aufl.). Elbe & Krueger Verlag.

Krüger, A., & Reddemann, L. (2007). *Psychodynamisch imaginative Traumatherapie für Kinder und Jugendliche. PITT-KID – das Manual* (Leben lernen, Bd. 201). Klett-Cotta.

Kühn, M. (2013). Traumapädagogik und Partizipation. Zur entwicklungslogischen, fördernden und heilenden Wirksamkeit von Beteiligung in der Kinder- und Jugendhilfe. In J. Bausum, L. U. Besser, M. Kühn & W. Weiss (Hrsg.), *Traumapädagogik. Grundlagen, Arbeitsfelder und Methoden für die pädagogische Praxis* (3., durchgesehene Aufl., S. 138–149). Beltz Juventa.

Lang, B., Schirmer, C., Hair, I. A. de, Wahle, T., Lang, T., Stolz, A. et al. (Fachverband Traumapädagogik e.V., Hrsg.). (2011). Standards für traumapädagogische Konzepte in der stationären Kinder- und Jugendhilfe. ein Positionspapier des Fachverbands Traumapädagogik e. V. https://fachverband-traumapaedagogik.org/standards.html. Zugegriffen: 10. Okt. 2022.

Lang, B., Schirmer, C., Lang, T., Hair, I. A. de, Wahle, T., Bausum, J. et al. (2013). Grundlagen der traumapädagogischen Arbeit. Die Grundhaltung der BAG Traumapädagogik. In B. Lang, C. Schirmer, T. Lang, I. Andreae de Hair, T. Wahle, J. Bausum et al. (Hrsg.), *Traumapädagogische Standards in der stationären Kinder- und Jugendhilfe. Eine Praxis- und Orientierungshilfe der BAG Traumapädagogik* (S. 105–107). Beltz Juventa.

Lang, T., & Lang, B. (2013). Die Grundhaltung der BAG Traumapädagogik. Die Annahme des guten Grundes als Grundhaltung. In B. Lang, C. Schirmer, T. Lang, I. Andreae de Hair, T. Wahle, J. Bausum et al. (Hrsg.), *Traumapädagogische Standards in der stationären Kinder- und Jugendhilfe. Eine Praxis- und Orientierungshilfe der BAG Traumapädagogik* (S. 107–112). Beltz Juventa.

Levine, P. A., & Kline, M. (2005). *Verwundete Kinderseelen heilen. Wie Kinder und Jugendliche traumatische Erlebnisse überwinden können.* Kösel.

Maercker, A., & Eberle, D. J. (2022). Was bringt die ICD-11 im Bereich der trauma- und belastungsbezogenen Diagnosen? *Verhaltenstherapie, 32*(3), 62–71.

Ruppert, F. (2018). *Trauma, Bindung und Familienstellen. Seelische Verletzungen verstehen und heilen* (Leben lernen, Bd. 177, Siebte Auflage). Klett-Cotta.

Schirmer, C. (2013). Institutionelle Standards – Worauf es bei traumapädagogischen Konzepten in den Institutionen ankommt. In B. Lang, C. Schirmer, T. Lang, I. Andreae de Hair, T. Wahle, J. Bausum et al. (Hrsg.), *Traumapädagogische Standards in der stationären Kinder- und Jugendhilfe. Eine Praxis- und Orientierungshilfe der BAG Traumapädagogik* (S. 241–267). Beltz Juventa.

Schmid, M. (2013). Umgang mit traumatisierten Kindern und Jugendlichen in der stationären Jugendhilfe: „Traumasensibel" und „Traumapädagogik". In J. M. Fegert, U. Ziegenhain & L. Goldbeck (Hrsg.), *Traumatisierte Kinder und Jugendliche in Deutschland. Analysen und Empfehlungen zu Versorgung und Betreuung* (Studien und Praxishilfen zum Kinderschutz, 2. Aufl., S. 36–60). Beltz Juventa.

Schmid, M., Fegert, J. M., & Kölch, M. (2013). Komplex traumatisierte Kinder, Jugendliche und Heranwachsende. In J. M. Fegert & M. Kölch (Hrsg.), *Klinikmanual Kinder- und Jugendpsychiatrie und -psychotherapie* (S. 260–277). Springer.

Schmid, M., Fegert, J., Schmeck, K., & Kölch, M. (Ernst Reinhardt, Hrsg.). (2007). *Psychische Belastungen von Kindern und Jugendlichen in Schulen für Erziehungshilfe*, Zeitschrift für Heilpädagogik.

Schröder, M., & Schmid, M. (2020). Trauma – Was ist das? Formen des Traumas und die Aufgaben der Sozialen Arbeit. *sozialmagazin, 45*(1–2), 6–15.

Spektrum Akademischer Verlag (Hrsg.). (2000b). Manipulation. Verfügbar unter: https://www.spektrum.de/lexikon/psychologie/manipulation/9152. Zugegriffen: 2. Nov. 2022.

Tammerle-Krancher, M. (2016). *Traumatisierte Kinder und Jugendliche – verstehen, erkennen, handeln. Prozessverläufe in Familien (bhp Grundlagen, 2. vollständig überarbeitete und* (erweiterte). BHP Verlag Berufs- und Fachverbands GmbH.

Van der Hart, O. (Gesellschaft für systemische Sozialpädagogik, Hrsg.). (2022). *Weiterbildung zum Systemischen Traumapädagogen/Traumaberater. Trauma erkennen – begleiten – begreifen – integrieren.* Verfügbar unter: https://gesellschaft-ssp.de/weiterbildung-traumapaedagogik. Zugegriffen: 2. Nov. 2022.

Van der Kolk, B., McFarlane, A. [Alexander], & Weisaeth, L. (Hrsg.). (2000). *Traumatic stress. Grundlagen und Behandlungsansätze; Theorie, Praxis und Forschungen zu posttraumatischem Stress sowie Traumatherapie* (Reihe Innovative Psychotherapie und Humanwissenschaften, Bd. 62). Junfermann.

Wahle, T. (2013). Chance zur sozialen Teilhabe. In B. Lang, C. Schirmer, T. Lang, I. Anreae de Hair, T. Wahle, J. Bausum et al. (Hrsg.), *Traumapädagogische Standards in der stationären Kinder- und Jugendhilfe. Eine Praxis- und Orientierungshilfe der BAG Traumapädagogik* (S. 157–174). Beltz Juventa.

Wahle, T., & Lang, T. (2013). Die Grundhaltung der BAG Traumapädagogik. Transparenz als Grundhaltung. In B. Lang, C. Schirmer, T. Lang, I. Andreae de Hair, T. Wahle, J. Bausum et al. (Hrsg.), *Traumapädagogische Standards in der stationären Kinder- und Jugendhilfe. Eine Praxis- und Orientierungshilfe der BAG Traumapädagogik* (S. 118–121). Beltz Juventa.

Weinberg, D. (2006). *Traumatherapie mit Kindern. Strukturierte Trauma-Intervention und traumabezogene Spieltherapie* (Leben lernen, Bd. 178). Klett-Cotta.

Weiss, W. (2013). Selbstbemächtigung/Selbstwirksamkeit – ein traumapädagogischer Beitrag zur Traumaheilung. In B. Lang, C. Schirmer, T. Lang, I. Andreae de Hair, T. Wahle, J. Bausum et al. (Hrsg.), *Traumapädagogische Standards in der stationären Kinder- und Jugendhilfe. Eine Praxis- und Orientierungshilfe der BAG Traumapädagogik* (S. 145–156). Beltz Juventa.

Weiss, W., & Schirmer, C. (2013). Die Grundhaltung der BAG Traumapädagogik. Wertschätzung als Grundhaltung. In B. Lang, C. Schirmer, T. Lang, I. Andreae de Hair, T. Wahle, J. Bausum et al. (Hrsg.), *Traumapädagogische Standards in der stationären Kinder- und Jugendhilfe. Eine Praxis- und Orientierungshilfe der BAG Traumapädagogik* (S. 112–114). Beltz Juventa.

Weiss, W. (2021). *Philipp sucht sein Ich. Zum pädagogischen Umgang mit Traumata in den Erziehungshilfen* (Basistexte Erziehungshilfen, 9., vollständig überarbeitete Auf-lage). Beltz Juventa.

Anlagen

Weiterführende Literatur zum Thema

Lang, B. (2013). Die Grundhaltung der BAG Traumapädagogik. Freude und Spass als Grundhaltung. In B. Lang, C. Schirmer, T. Lang, I. Andreae de Hair, T. Wahle, J. Bausum et al. (Hrsg.), *Traumapädagogische Standards in der stationären Kinder- und Jugendhilfe. Eine Praxis- und Orientierungshilfe der BAG Traumapädagogik* (S. 121–124). Beltz Juventa.

Trauma und Traumapädagogik allgemein

Weiss, W. (2021a). *Philipp sucht sein Ich. Zum pädagogischen Umgang mit Traumata in den Erziehungshilfen (Basistexte Erziehungshilfen, 9, vollständig* (überarbeitete). Beltz Juventa.
Bausum, J., Besser, L.-U., Kühn, M., & Weiß, W. (2023). *Traumapädagogik.* Beltz Juventa.

Stabilisierung

Boszormenyi-Nagy, I., & Spark, G. (2020). *Unsichtbare Bindungen. Die Dynamik familiärer Systeme.* Klett-Cotta.
Porges, S. (2023). *Die Polyvagal-Theorie und die Suche nach Sicherheit: Traumabehandlung, soziales Engagement und Bindung.* G.P. Probst Verlag.

Gehirn

Rüegg, J. (2005). *Gehirn, Psyche und Körper: Neurobiologie von Psychosomatik und Psychotherapie.* Schattauer.

Printed in the United States
by Baker & Taylor Publisher Services

Printed in the United States
by Baker & Taylor Publisher Services